本书列入中国科学技术信息研究所学术著作出版计划

多源异构数据融合的图书馆用户画像研究

杨代庆　郭红梅　陈雨贝◎编著

·北京·

图书在版编目（CIP）数据

多源异构数据融合的图书馆用户画像研究 / 杨代庆, 郭红梅, 陈雨贝编著. -- 北京：科学技术文献出版社, 2025.5. -- ISBN 978-7-5235-1921-9

Ⅰ.G250.76

中国国家版本馆 CIP 数据核字第 2024KF6092 号

多源异构数据融合的图书馆用户画像研究

策划编辑：张　丹　责任编辑：张瑶瑶　责任校对：张永霞　责任出版：张志平

出 版 者	科学技术文献出版社
地　　址	北京市复兴路15号　邮编　100038
出 版 部	（010）58882952，58882087（传真）
发 行 部	（010）58882868，58882870（传真）
官方网址	www.stdp.com.cn
发 行 者	科学技术文献出版社发行　全国各地新华书店经销
印 刷 者	北京地大彩印有限公司
版　　次	2025 年 5 月第 1 版　2025 年 5 月第 1 次印刷
开　　本	710×1000　1/16
字　　数	230 千
印　　张	15.5
书　　号	ISBN 978-7-5235-1921-9
定　　价	98.00 元

版权所有　违法必究

购买本社图书，凡字迹不清、缺页、倒页、脱页者，本社发行部负责调换

前言

PREFACE

大数据时代，服务为王。优质的服务需要充分把握用户需求，为此，以电商为代表的互联网公司纷纷开展了用户行为的研究，力求更好地掌握、预测用户的需求，进而将用户划分为不同类型，千人千面地向用户提供服务，并取得了良好效果。图书馆也一直较为重视用户需求调研，但多采取调查问卷方式，这种方式往往存在问卷回收效率不高，以及时滞性较长、实时性不够等缺陷。为此，借鉴电商成功经验，从既有数据出发，通过对多来源数据的融合、关联，同时根据用户场景，构建用户描述模型，从而对用户需求和行为规律形成更加清晰准确的认识，以此成为图书馆用户服务的重要研究课题。本课题研究主要包括 6 个方面：一是详细对图书馆的典型服务流程进行了梳理，对每个环节可能产生的用户数据进行了归纳汇总，并在此基础上，设计了数字图书馆用户元数据框架，帮助图书馆更好地掌握、收集、管理用户数据；二是针对用户多源数据的特点，从用户学术合作、用户文献偏好、用户学术影响力等维度提出了数字图书馆用户多源特征融合模型；三是设计了数字图书馆用户标签体系，并对标签的属性、生成规则、编码方式等进行了论述；四是设计了基于 Hadoop 的日志数据预处理流程，对海量用户日志数据进行预处理，并分别设计了会话识别、路径补充算法；五是设计了用户画像系统功能模块，重点对数据预处理、注册用户分析、日志数据挖掘等模块的输入、输出、功能进行了详细描述，支撑用户画像系统的开发；六是基于国家科技图书文献中心的真实用户数据进行了用户行为画像分析，从用户各基本特征、文献资源利用、用户行为关联性和访问序列、用户流失状况、RFM 及用户价值等方面开展了实证分析，为图书馆用户画像系统建设提供了参考和借鉴。

目录

第1章 绪 论 ... 1
1.1 研究背景与意义 ... 1
1.2 研究目的与对象 ... 2
1.3 主要内容及框架 ... 3
1.4 基本思路与方法 ... 4
1.5 研究特点与创新 ... 6
1.6 研究任务完成情况 ... 6

第2章 数字图书馆用户画像发展 ... 7
2.1 相关概念 ... 7
2.2 国内外研究现状 ... 14

第3章 数字图书馆用户画像数据框架建设 ... 24
3.1 数字图书馆用户信息数据产生分析 ... 24
3.2 数字图书馆用户元数据框架维度分析 ... 36
3.3 数字图书馆用户元数据框架设计 ... 40

第4章 数字图书馆用户画像数据融合研究 ... 45
4.1 数字图书馆用户异构数据整合方式分析 ... 46
4.2 数字图书馆用户多源特征融合研究 ... 50

第5章 数字图书馆用户画像标签体系构建 ... 54
5.1 总体设计方法 ... 54
5.2 用户标签构建方式分析 ... 61
5.3 用户标签体系框架设计 ... 64
5.4 用户标签属性分析 ... 67
5.5 用户标签库设计 ... 70
5.6 基于数字图书馆多源用户数据融合画像示例 ... 72

第6章 数字图书馆用户画像数据处理及更新 ... 80
6.1 数据清洗 ... 81
6.2 用户识别 ... 81
6.3 会话识别 ... 82
6.4 路径补充和事务识别 ... 83
6.5 Hadoop 日志预处理 ... 86
6.6 用户行为数据的更新 ... 87

第7章 用户画像系统功能设计 ... 90
7.1 用户画像系统总体框架 ... 90
7.2 用户画像分析与服务功能结构 ... 98

第8章 实证分析 ... 130
8.1 用户类型划分 ... 130

8.2 网上用户特征分析 132

8.3 注册用户特征分析 137

8.4 集团用户特征分析 143

8.5 赠卡用户特征分析 147

8.6 NSTL 资源利用分析 149

8.7 文献提供服务状况分析 164

8.8 用户行为日志关联画像 172

8.9 用户流失分析 180

8.10 基于 RFM 的重点个人用户分析 206

8.11 个人用户价值矩阵分析 209

第 9 章 结　语 214

附　录 216

附录 1 数字图书馆业务系统数据结构 216

附录 2 用户职称列表 228

附录 3 用户标签及属性字段 230

参考文献 236

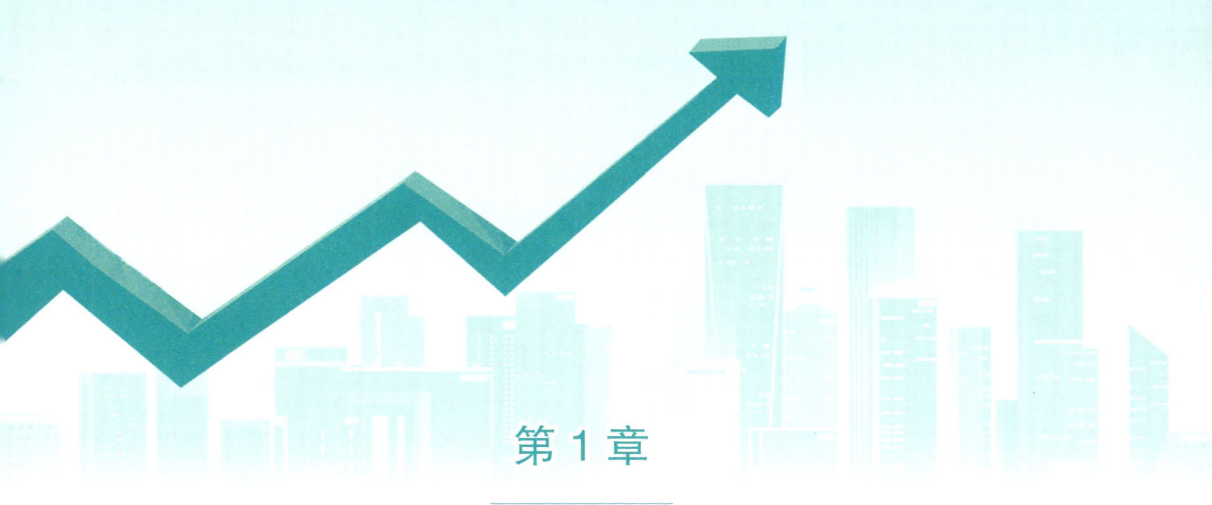

第 1 章

绪　论

1.1　研究背景与意义

　　大数据时代，人们在便捷地获取信息的同时，常常感到困惑：如何在海量数据中快速准确地找到需要的信息？与此相对应的是，信息服务方也在思考这样的问题：如何向用户提供其所需要的准确信息，以实现精准服务？这些问题是大数据时代亟待解决的普适问题，准确、及时捕获用户的现实和潜在需求则是解决这些问题的重要环节。传统上，问卷调查、访谈、竞品分析等对用户需求捕获的方法在对象的代表性、答案的真实性、竞品的滞后性等方面存在不足，而随着大数据时代的到来，各种基于事实数据的挖掘分析方法具有真实客观、便于获取、结论有效等特点，因而在用户需求发现中的作用与重要性与日俱增。用户行为，以及与用户行为关联的实体和关系所对应产生的数据是分析用户需求的重要基础，日益受到各方重视并逐步开展研究。基于这些丰富的数据，可以通过用户画像描绘出一幅完整的用户特征及信息需求的全景图，实现对用户个体及群体信息行为的准确预测。用户画像在 1998 年由美国设计大师 Alan Cooper 作为一种面向实践的交互工具首先提出，试图通过在用户真实数据的基础上构建用户模型，实现对现实用户的模拟和描述[1]。近年来，用户画像已经越来越多地被应用到实践中，并取得显著成效。例如，Netflix 公司正是通过对其收集的用户数据进行画像分析，拍摄出了 *House of Card* 这样成功的剧集[2]；脸书、推特、百度公司等众多互联网公司都启动研发了用户画像平台并将其用于广告投放，使得投放对象更为精准[3]。然而，不同领域的用户画像在数据、技术、标签建模等层面均可能存在较大差异，用户画像具有领域敏感性。当前，在金融、电商、新闻等多个行业用户画像得到诸多应用，跨行业的用户画像也得到较快发展，然而就图书馆而言，对用户的行为分析离基于用户行为大数据的用户画像还存在较大距离。

数字图书馆中，除通过互联网产生访问日志外，还存在着大量的图书馆独有数据，如参考咨询数据、引文数据、借阅数据、馆藏数据等。这些多来源异构数据都能从不同侧面刻画用户的信息需求，通过对这些数据的融合，建立模型，实现用户画像将能够对数字图书馆获取用户需求起到至关重要的作用，进而更好地解决用户文献个性化需求与海量文献供给的矛盾，支撑图书馆的精准文献服务。因此，图书馆只有广泛借助来自通信运营商的互联网访问信息、来自社交网络的互动信息等多源异构数据，并对自身数据进行有机融合，开展挖掘分析，实现用户画像，才能更好地满足数字图书馆用户的个性化需求。然而，在针对图书馆的特定数据之间、特定数据与普遍数据之间的数据特征提取、关联、融合方法，图书馆需求的用户标签模型体系和信息资源标签模型体系设计及标签体系之间的关联计算方法，用户画像的应用场景设计及验证，用户模型的修正、更新、维护机制及流程等多个方面还有待开展深入研究。总体而言，开展图书馆用户画像研究还处于起始阶段。为此，图书馆用户画像研究并据此指导相关工作的任务亟待开展，这具有重要的理论和现实意义。

1.2 研究目的与对象

本书的研究对象为数字图书馆用户，通过收集并对用户相关的数据开展分析建模［数据包括了图书馆用户行为特征数据（如用户日志、阅览、文献请求等行为）、用户个人基本数据（如注册信息）、用户需求数据（如参考咨询数据）、资源特征数据（如文献描述信息）、用户评价数据（如引文、Altmetrics 数据）、用户跨系统行为数据（如用户的通信运营商信息等）]，构建数字图书馆用户画像多源异构数据融合、治理与分析框架。通过大数据分析等方法，结合代表性用户调研等方法，构建数字图书馆用户画像，为图书馆服务模式的优化完善提供支撑。

1.3 主要内容及框架

本书聚焦于数字图书馆用户画像整体框架构建，提出基于整合用户资料、行为数据、社交媒体等海量多源异构数据的图书馆用户画像完整体系架构。架构主要包括数据获取、用户画像设计、模型预测等几个部分。数据获取主要包括多来源数据的获取途径手段、数据处理流程、建立图书馆用户画像数据框架，为多源异构数据融合提供支撑；用户画像设计主要包括从图书馆业务和服务发展出发，结合用户调研及现有用户画像系统分析，从多个角度设计多层级的用户画像标签体系；模型预测主要包括基于数据挖掘、机器学习等方法对融合数据进行分析利用，支撑用户行为与需求预测（例如，对用户的风险行为进行预测、对尚未收集到行为数据的用户进行兴趣预测、发现人群聚集特征及关联关系等）。

本书在用户画像的多源异构数据特征分析及融合方法方面，首先，分析包含通用行为数据及图书馆特定行为数据的多源异构数据特征及其关联关系，不同数据表达了不同层面的含义及特征，明晰多源异构数据的定义域、值域等约束，把握数据表征的内涵意义。其次，建立一套多来源数据融合方法，并实现对数据质量的控制。海量多来源数据之间往往包含大量相互冲突、不完整的数据，以及无意义的噪声数据，结合图书馆领域数据处理规则库的建设，以及多系统 ID 关联映射，实现对不同来源数据进行交叉验证、完整性相互补充、错误数据发现去除等，实现面向图书馆用户画像的数据融合。

通过分析图书馆需求，确定图书馆用户画像的范围和应用目标，通过反复检查及匹配，逐步明确知识内容，在此基础上对收集的数据进行加工、规范，提取分类、属性和对应的属性值，建立用户、资源实体关系概念模型标签体系。分析图书馆领域用户、资源及相关实体词汇表，这些词汇将作为用户建模中的各类标签，确定类及类之间的结构，对用户模型中的标签进行表示，并从既定属性和隐性特征两个角度采用文本挖掘等方法对用户、资源建模与测试，建立实体与标签体系的对应方法，以及用户数据的更新策略。

分析数字图书馆服务模式及流程，对用户画像嵌入个性化内容推荐、用户风险预测等典型应用场景中的流程进行规划，研究图书馆不同场景中的具体应用对用户画像的使用方法。在图书馆典型应用场景之外，探索设计图书馆用户画像支撑下的基于学术兴趣和专长的学者推荐与发现、图书馆馆藏资源评估等服务模式的优化完善策略，并对用户画像框架的有效性进行实证。

1.4　基本思路与方法

1.4.1　基本思路

在对图书馆业务发展需求、当前图书馆可获得数据基础、相关行业用户画像发展及应用现状充分调研分析的基础上，建立课题研究的基本框架。通过调查图书馆相关数据获取渠道、数据标准规范、数据规模等现状并进行凝练，设计面向图书馆用户画像的多源异构数据表示与存储模型，并提出对海量异构数据进行治理的有效方法，通过一系列方法的实施，在数据规范、关联的基础上，面向图书馆业务需求，从用户、资源等相关联实体建模，建立模型标签层级体系，对模型进行反复验证，并不断修正和优化，最终形成完整的图书馆用户画像层级框架。最后，对提出的用户画像体系应用到图书馆的业务工作中的场景进行设计，并以此进行实证。

1.4.2 研究方法

通过文献调查和案例掌握国内外用户画像构建的理论方法和现实做法，进而全面把握用户画像体系中各个重要部分的最新研究进展和实践方向，收集分析图书馆对于构建用户画像的需求，结合图书馆业务发展方向，基于实体关系、本体论等方法对用户、资源关联实体建模，形成图书馆用户画像框架，并进行实证模拟分析，对模型进行修正，最后形成整套框架、理论、方法（图1-1）。

（1）文献调查法

通过收集国内外相关研究文献，进行综合归纳、分析，跟踪该方向的研究进展，把握国内外专家学者对该问题的研究视角和研究内容。

（2）典型案例法

对国内外有代表性的相关用户画像案例进行全面剖析，同时为本书提供可行的方法。重点研究电商及互联网运营商的用户画像框架、系统，分析这些案例中采用的数据标准、数据融合方法、运行平台、服务模式等，为本书的研究内容提供参考。

（3）综合分析法

在大数据环境下，通过对图书馆用户数据的产生、获取、清洗、利用规律进行综合分析，结合图书馆业务发展所需要获得的支撑，提出图书馆用户画像框架。通过对多来源的海量用户数据标准进行分析，构建多层级的图书馆用户画像框架。

（4）实证分析法

基于构建的图书馆用户画像体系，结合图书馆的实际业务和数据进行数据实证和模拟，以发现其中的不足和错误，并修正优化。

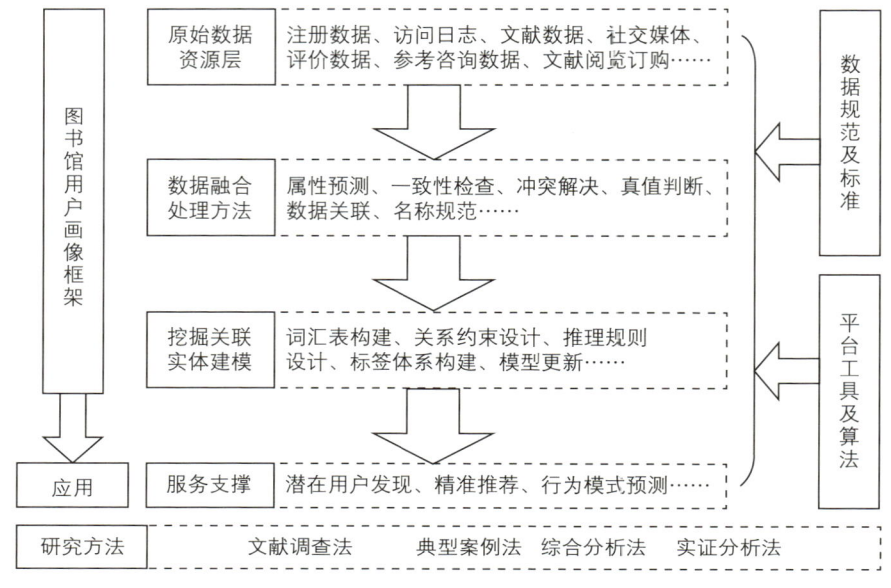

图 1-1 研究思路及方法

1.5 研究特点与创新

本书通过分析梳理图书馆各主要业务系统和流程中用户数据的产生过程，提出了面向图书馆业务发展的多源异构大数据收集、规范、关联、融合的一套方法，以及完整图书馆用户画像框架，以支撑图书馆大数据时代业务发展需求。

1.6 研究任务完成情况

预计发表核心期刊论文 4~6 篇，撰写研究报告 1 份。所形成的报告将共享给国内图书馆、非营利信息服务机构及信息服务公司，为构建图书馆用户画像体系提供支撑，以促进我国图书馆大数据时代精准服务的实施，支撑新时期图书馆服务模式的转型。

第 2 章

数字图书馆用户画像发展

2.1 相关概念

用户画像概念一经提出，便在精准营销等领域被广泛使用，后来发展成为一种描绘用户特征、表达用户需求的重要手段。用户画像由被誉为"交互设计之父"的 Alan Cooper 首先提出，用户画像是对客观用户的模拟表示，是通过一系列客观数据构建的用户数据模型[1]。用户画像通常分为定性和定量两种方法，分别是 profile 和 persona。profile 是基于使用产品用户的大量数据，通过算法所提炼出的标签画像信息，结合用户的各种基础属性、社会属性、行为习惯等信息，进行算法分析后得到的一系列动态标签库。profile 以定量研究为主，依据大量的用户数据进行分析和研究，得到用户画像。persona 则以定性研究作为基础，研究人内心深处的心理反应、心理诉求、心理动机。定性类画像通过电话调研、网络调研、深入访谈、网上第三方权威数据等方式收集用户信息，帮助其理解用户。相比大数据定量刻画用户来说，定性刻画可以更精确地了解用户需求和行为特征，但由于样本有限，得出的结论不一定能代表大部分用户观点。

2.1.1　User Profile

第一种用户画像 User Profile 直译成中文就是用户资料或用户档案。除新产品的设计阶段之外，在大部分的工作阶段，人们是通过 User Profile 这种用户画像来指导、协助工作的。在日常生活中，人们更多使用的是这种用户画像。用户画像有多种表现方式，在大多数情况下使用标签的集合来表示用户画像。这就决定了在大多数情况下，为了更好地刻画出一个用户，需要建立一个 User Profile 的标签体系。随着产品的上线和持续的运营，以及各维度的用户数据都成为标签体系的"原材料"，建立一个好的标签体系将是使用好 User Profile 的前提。虽然现在有很多文章都提出了 User Profile 的使用方法和业务场景，但是却几乎没有人对 User Profile 进行较好的描述。User Profile 标签体系是对现实世界中一类实体的描述方式，从标签体系的顶级分类到最末级分类的路径是从一个视角的描述，这个完整的路径是使用标签体系对现实世界的实体进行的一次无歧义描述。

以标签体系中常见的人口统计学这个顶级分类路径为例：人口统计学≫自然属性≫性别≫男/女。如果对一个人的描述是男，并不能确定这个人的性别是男，或者这个人的择偶性别是男；当描述是性别≫男时，看起来已经不会有歧义了，但还是不确定这个人的生理性别是男性还是心理性别是男性，又或者互联网购物性别是男性，当给一个互联网购物性别为男性的女性去推荐大部分女性感兴趣的商品时，推荐结果就可能不尽如人意；同样，当没有描述到末级标签时，由于语义不完备，也无法进行一次无歧义的描述。例如，人口统计学≫自然属性≫性别，这时并不知道这个人的性别到底是男还是女。

用于构建用户画像的标签不是一成不变的。标签会随着时间发生改变，相应地，用户画像也会随着时间发生改变；业务层次划分和标签应用深度的坐标轴说明用于构建用户画像的标签体系本身是有层级及结构的，所构建的标签体系是由浅及深、由面到点的。另外，还可以看到标签本身会有多种类型，如事实标签、模型标签、预测标签等[6]。同时，标签体系中的不同标签支持不同的业务场景。

（1）标签分类

用户画像标签可以分为基础属性标签和行为属性标签（表2-1）。

表2-1　基础属性标签和行为属性标签

基础属性标签	行为属性标签
用户基本资料： 性别、年龄、住址等	个人喜好： 资源分类标签、喜好标签、风格标签、使用偏好时间
用户情况： 学历、婚姻状况、兴趣爱好、自定义关键词等	订阅行为： 访问方式、订单数量、学科广度、收藏、检索次数
用户行为： 付费用户、消费能力、移动设备定向（设备价格、操作系统、联网方式、移动运营商）	

基于特定目标的画像，其标签是动态扩展的，因此其标签体系也没有统一的模板。在大分类上与自身的业务特征有很大的关联。在整体思路上可以从横纵两个维度展开思考：横向是产品内数据和产品外数据，纵向是线上数据和线下数据。而正中间则是永恒不变的"人物基础属性"。其他的分类因业务特征而定，而人物基础属性（关键是内涵）是各业务不能缺失的内容。所谓人物基础属性，指的是用户客观的属性，而非用户自我表达的属性，也就是描述用户真实人口属性的标签。所谓非"自我表达"，举例来说，某产品内个人信息有性别一项，用户填写为"女"，而通过用户上传的身份证号码、用户照片，以及用户购买的产品，甚至用户来电，都发现该用户性别是"男性"，那么，在人物基础属性中的性别应该标识的是"男性"，但是用户信息标签部分，自我描述的性别可能标注为"女性"。

（2）标签体系结构

标签体系的结构通常包括以下5个方面。

① 输入层：主要指对用户数据收集和清洗，如会员信息、消费行为信息、网站行为信息等。经过数据的清洗规范，达到用户标签体系的事实层。

② 事实层：对用户信息的准确描述。其最主要的特征是，信息可以通过用户行为得到验证，如用户的人口属性、会员信息购买品类、浏览次数等。

③ 模型预测层：通过分析建模，对事实层的数据借由有效的模型进行分析预测，以便形成对用户更为准确和真实的认识。例如，通过用户行为建模，可以预测用户的文献主题偏好，从而对新用户的文献主题数据偏好进行预测，还可以使用关联聚类模型，揭示文献的聚集特征。

④ 营销模型预测层：对具有相同需求的不同用户群体，基于模型预测层的计算结果，来赋予标签，建立营销模型，从而分析用户价值及用户的活跃度、忠诚度、影响力等可以用来进行营销管理的数据。

⑤ 业务层：可以是展现层。它是业务逻辑的直接体现。

（3）标签属性

标签属性是对标签的进一步细化和描述。细化标签描述的主要目的是帮助用户充分理解赋值的理由和含义。标签属性大致有5种来源方式。

① 固有属性：体现的是用户事实存在，不会随着环境或自身认识的变化而改变，如姓名、性别、年龄等。

② 推理属性：通过其他一个或多个属性推理产生的新属性。例如，性别可以通过用户的身份证号码来推导；用户的产品偏好可以通过日常搜索、浏览等行为来推导。

③ 行为属性：用户由于使用系统或相关产品，其使用行为被收集后形成的属性，如登录IP地址、访问时间等。

④ 态度属性：用户表达出的期望、态度等。例如，通过发放问卷向用户调查相关问题（例如，询问用户对提供的服务是否满意、是否经常获取图书馆服务等），并形成标签。当然，在大数据环境下，利用问卷收集用户标签的方法效率不高，更多采用的方法是从服务或产品中的相关数据来收集用户的态度信息。

⑤ 测试属性：是指对用户表达的内容进行分析后得出的测试结论。例如，根据用户填写的问卷，推导出用户的价格偏好类型等。

值得注意的是，一种标签的属性可以是多重的。例如，个人星座这个标签既是固有属性，也是推理属性，它首先不以个人的意志为转移，同时可以通过身份证号码推导而来。

即便成功地建立了用户画像的标签体系，也不意味着获得了用户画像的成功。因为有很大的可能是这些标签根本无法获得，或者说无法赋值。标签无法赋值的原因有多种，既包括数据难以获取（缺乏有效的渠道和方法来获取准确数据，如用户身份证信息），也包括数据库系统分割缺乏关联、模型构建失败（如预测指标难以计算赋值）等。

2.1.2 User Persona

第二种用户画像 User Persona 直译成中文就是用户角色。对于这种用户画像，维基百科的定义为：用户画像是一种在营销规划或商业设计上描绘目标用户的方法，经常有多种组合，方便规划者分析并设置其针对不同用户类型所开展的策略。在用户画像中，简单者可能仅具有年龄、职业和一段基本叙述，复杂者可能具有人口、态度、使用物品、喜好、渴望与操作行为等具体描绘。

目前，软件开发、广告投放、技术研发创新与新市场开拓等领域也广泛采用了用户画像的方法。用户画像最重要的场景还是将人物角色结合不同应用需求，为规划决策提供支撑。例如，在服务、产品与交互等方面进行有效的模拟，这对于大型项目而言，可以明确开发设计的方向和目标。

用户画像也被称为用户角色，是一种描述目标用户、捕获用户个性与共性需求的工具。近年来，用户画像已经被广泛应用到各个领域，并起到很好的作用。在实践的过程中，通常会以最为通俗和容易理解的表达方式将用户属性、用户行为与用户需求关联起来。用户画像是现实用户的虚拟化表示，其所构建的用户角色不能脱离现实产品和市场，用户角色要具有典型性和代表性，能描述和表达产品的目标受众群体。

可以看出，User Persona 这种用户画像是抽象出来的虚拟用户（也可以称为目标用户）。这种用户画像的使用者往往是产品经理、运营人员，以及部分前瞻性业务的决策人员。假定我们现在要设计一款新产品，并同时准备好产品上线之后的运营活动，我们希望产品和运营活动上线之后会受到用户的欢迎。为了尽可能地实现这一目标，产品和运营活动的设计都应该尽量从用户的角度去思考，User Persona 就会在这个环节中起到重要的作用。在调研环节，产品经理和相关人员会使用问卷调查、用户访谈等方法，再根据自己的经验了解用户的差异和共性，刻画出不同的虚拟用户。刻画虚拟用户经常使用一些属性和场景作为描述维度，如性别、年龄段、身高、学历、家庭状况、职业、上下班时间段、常用交通工具等。通过这些预估的维度，产品经理在功能设计、流程设计等环节出现意见不一致时，可以通过 User Persona 在一定程度上甄别出什么样的功能是用户的真实需求，什么样的功能是臆想出来的伪需求，什么样的功能是共性需求或刚性需求，什么样的功能是离散需求或弹性需求，这样产品设计才能站在用户角度。同样，伴随新产品上线而设计的运营活动也应该参考 User Persona 所描绘出的虚拟用户属性或场景。从方法论来看，产品设计和运营活动设计有很多相似、相通之处。

使用 User Persona 可以使产品的使用对象、服务对象更加聚焦、专注，帮助从用户的角度去思考问题并进行设计；同时，由于设计的流程长、环节多、参与人员多，不可避免地会产生分歧，只有当参与产品设计的人员都在统一的 User Persona 上进行讨论，进而进行决策时，才能将各方保持在共同的目标方向上。

业内有很多关于 User Persona 的创建方法，甚至一些大型机构会根据自身的需求总结出一套适合自身业务的 User Persona 方法论。经典的方法为 Alan Cooper 提出的"七步人物角色法"[4]。

① 发现并确认模型因子。即代表性用户群体的行为变量集，如活动（频率和工作量）、态度（如何看待生活必需品？如何提高效率？如何消遣娱乐打发时间？）、能力（受教育和培训程度、自我学习能力）、技能（在什么领域使用的产品？有哪些使用技巧和特殊技能？）。

② 与目标用户进行访谈。将访谈用户与其行为变量进行匹配，定位到某个范围的精确点。例如，20%看重价格，20%看重功能，60%看重品牌，其中 A 用户就是这 60%的大多数。对用户进行象限分类，不同类型的用户重视的产品特性和比例各不相同。

③ 识别行为模式。从行为上看，类似的用户群体往往出现特定的行为规律。若规律成立，则用户行为和用户角色可能存在逻辑因果关系。例如，常常在图书馆进行元数据检索而很少获取全文的用户，可能是查新工作人员。

④ 用户特征的确认。根据事实数据，结合细节，刻画潜在使用场景和目标产品的不足、用户意见等。对典型的用户形象进行描述，将人物角色可视化，如姓名、年龄、特征等。

⑤ 完整性检查。进一步确认人物和行为模式的匹配是否存在较大缺漏？典型用户是否缺少？重要的行为模式是否缺失？要确保行为模式和人物的差异及独特性。

⑥ 描述代表性场景下的用户行为。通过构建表述模型来模拟事件和用户反应，描述用户关注点、习惯偏好及用户与产品的关系，传递情感化信息。

⑦ 设定用户类别。对用户角色优先排序，设定重要用户、次要用户、边缘用户、非目标用户（负面人物角色）。

在构建 User Persona 的过程中，要尽量从下面的 PERSONA 七要素出发[5]。

① P 为基本性要素（primary）：指构建的用户角色是否基于对客观现实用户的场景访谈。

② E 为共鸣性要素（empathy）：指构建的用户角色中所包含的姓名、图片和产品相关的介绍，是否能引起该用户角色的共鸣。

③ R 为现实性要素（realistic）：指对那些经常与顾客接触的人来说，用户角色是否能够代表现实人物。

④ S 为独特性要素（singular）：指每个用户是否个性化、独特。

⑤ O 为目标性要素（objectives）：指该用户角色是否包含与特定产品关联的高级目标，并且是否有特定关键词来进行描述。

⑥ N 为数量性要素（number）：指用户角色的数量是否足够精炼，以便开发设计人员能记住各类用户名称，以及其中的主要用户角色的相关特征及属性。

⑦ A 为代表应用性要素（applicable）：指开发设计人员是否能够将用户角色作为一种实用工具获取设计反馈，并帮助决策。

在 User Persona 的帮助下设计的一款产品上线之后，随着时间的推移，产品的使用者越来越多，典型用户的画像也和最初所构建的 User Persona 出现了不一致的情况。这时，需要另外一种用户画像 User Profile 来帮助进行后续的工作。

本书主要立足于图书馆用户数据的收集、关联，并建立标签分类体系，支撑图书馆业务发展，因此以 User Profile 中描述的定义内容作为重点研究对象。

2.2 国内外研究现状

当前，用户画像的研究主要集中在数据收集与规范、用户画像构建技术与标签体系建设、数据关联，以及具体落地应用等方面[7]，相关研究进展描述如下。

2.2.1 用户行为数据标准及规范

当前，国内外对于图书馆用户行为数据的规范还不够完善，已有的标准规范主要集中在资源的利用方面，因而本书主要就用户对资源利用方面的标准规范进行了梳理。

（1）国际图书馆统计标准（ISO 2789）[8]

ISO 2789 是 ISO（国际标准化组织）与 IFLA（国际图书馆协会联合会）联合为图书馆统计规范化而制定的国际标准。该标准为图书馆管理评价提供了广泛参考指标，可用于支撑图书馆规划与决策、经费筹措、政策评价。该标准涉及图书馆数据采集、数据传输和数字信息资源服务等方面，是图书馆统计国际规范指南。

该标准定义了图书馆数字馆藏的服务类型，其中包含了网站服务、书目检索、电子文献传递、虚拟参考咨询、有关网络服务的用户培训和互联网访问等。数字馆藏是数字图书馆服务中的基础，该项指标又细分为数据库、数字连续出版物、数字文献。数据库包括全文、文摘及其他类型数据库；数字文献包括电子书、网络多媒体、预印本和其他数字形态的报告等。该标准对于数字服务的分类基本覆盖了当前数字图书馆提供的所有数字服务类型。

该标准还列举了具有可操作性的数字服务统计方法。为了对数字图书馆提供的各类数字服务的情况进行统计评估，该标准根据图书馆数字服务的不同使用场景，设计了需要进行测度的数据指标，制定了数字图书馆服务的统计规范标准，使不同图书馆之间的数据统计指标能够在相同的定义和方法指导下进行收集和统计。一方面可以促进图书馆之间的交流；另一方面也有助于图书馆数字服务的规范和评估。当前各图书馆都投入大量经费，用于数字资源的采购，以及数字服务环境的构建，因而对数字服务的使用效率也更加重视。

（2）信息服务和使用：图书馆和信息服务机构统计指标（NISO Z39.7）[9]

NISO Z39.7（*Information Service and Use：Metrics & Statistics for Libraries and Information Providers—Date Dictionary*）是美国国家标准，适用于美国各类型图书馆及相关信息服务机构。该标准与其他相关标准相比，主要特点在于有针对性地提出了一系列面向数字馆藏与数字服务的统计指标与方法。

① 约定了数字资源的类型。该标准中定义的数字文献包括网络信息资源、数据库、电子图书和其他数字文献。数字馆藏包括图书馆馆藏中所有以数字形式存在的资源，如电子期刊、各类数据库等。具体可分为：光盘、索引数据库，计算机文件，数据库，电子期刊，免费网络资源等。

② 约定了数字资源服务类型。数字资源服务类型包括文献代查代检、电子文献传递、虚拟参考咨询等。

③ 设计了数字资源使用统计方法。该标准设计了一系列数字资源使用统计指标，能为图书馆数字资源成效和成本评估提供有价值的支撑。

④ 规范了数字资源和相关设施经费统计。主要包括数字资源的购置、数字存取的维护、相关设施的支出等。

⑤ 设计了用户培训统计方法。包括计划开展的培训和临时按需开展的培训。

（3）E-Metric[10]

E-Metric 是美国研究图书馆协会（ARL）发起并资助的项目。E-Metric 聚焦于用户对数字资源的使用，旨在为图书馆数字资源的使用和评估建立一套科学的指标体系。E-Metric 从根本上改变了传统图书馆仅以馆藏量作为评价核心的馆藏资源评价标准，从用户使用侧对数字资源进行系统性评估，支撑图书馆数字资源订购决策，为图书馆数字资源建设提供了有价值的借鉴。

E-Metric 主要解决了从用户使用角度，网络环境下图书馆数字资源及服务评估所面临的问题，即在持续变化环境下如何对数字资源及其服务进行统计、收集和定义。E-Metric 经过两版修订，最终给出了科学的指标体系，并在美国研究图书馆得到应用。该指标体系主要是基于图书馆投入产出角度设计的，标准中的统计指标和测度方法能较好地支撑网络环境下对图书馆数字资源及服务的使用评估。

（4）数字资源在线使用数据（COUNTER）[11]

COUNTER（Counting Online Usage of Networked Electronic Resources）是为了解决在线信息资源呈指数增长的背景下，用户在线数据资源使用情况统计中面临的问题而制定的标准。与其他数字资源使用的标准规范由图书馆牵头制定不同，COUNTER 由出版社和图书馆及相关中介机构共同发起制定，其目标是为在线信息服务提供方和用户之间提供一套统一、易于操作的标准规范和统计方法。

COUNTER 一经出台就得到了各方的积极支持，促进了在线使用数据的记录、交换及共享。COUNTER 通过建立开放的、国际化的标准协议，使得数据库商提供的使用统计变得一致、可信。COUNTER 为电子期刊和数据库在线使用统计提供了国际化标准框架，覆盖了数据要素测度及定义、数据处理要求、使用报告内容及格式要求、审计要求，为信息提供商的数据库使用统计提供标准。此外，COUNTER 基于用户的使用情况统计，能更好地支撑图书馆馆员在不同数据库的多个维度方面进行比较，以支撑图书馆的购买决策。

2.2.2 用户画像的主要技术方法

当前,用户画像的技术方法主要围绕数据收集规范与关联、用户行为建模、用户画像应用及优化等方面展开[12],基于这3个方面,国内外在学术界和产业界的相关研究和实践进展如下。

(1)数据收集规范与关联

多来源数据收集规范与关联是建立用户画像的基础,包括缺失数据、错误数据、逻辑错误、相似重复记录等脏数据的检测和消歧等。数据规范通常借助属性信息、上下文信息、关系信息等开展,分别为用户特征相似度计算、基于上下文和基于关系等方法。基于用户特征相似度的方法通过计算数据记录中各属性的相似度来规范数据,如基于机器学习的相似度函数[13]及利用专用索引提高链接效率[14]等方法。尽管用户特征相似度计算在检测层面成效较好,但由于记录属性信息不足,因而在消歧过程中往往难以给出高置信度的决策。为了弥补用户特征相似度计算方法的不足,提出了结合上下文信息的消歧方法。Getoor 提出了通过对象合并方法,来解决数据集泛化的问题[15];Ananthakrishna 等用直接链接实体的相似度,来消除层次关系数据集中的重复记录[16]。基于上下文信息的消歧方法,在计算记录相似性时,将直接链接实体信息与用户特征相似度计算相结合,显著提升了消歧效果。为了从数据集中获取更多有价值的信息,用于数据规范与关联,又研究产生了超出上下文范围的基于关系的方法。Lee 等提出在关联规则挖掘的基础上,结合上下文属性相似度来参照消歧,并且还讨论了"概念层次"[17];此外,还有学者提出了基于关系的目标合并方法,两两匹配决策不仅采用给定属性进行判定,还触发更多属性共同参与判断与决策[18-20]。

就当前的用户数据规范和关联方法来说,尽管有了诸多研究,但没有最佳方式,往往还需要与特定研究领域的知识相结合。为此,针对图书馆的特征领域知识和需求对数据进行规范及质量控制仍需进一步的探讨和研究。

(2)用户行为建模

结合需求对用户行为建模是用户画像的重要任务之一。通常,用户行为建模包括非本体和本体两种类型。在用户行为的非本体建模方面,Nasraoui

等提出可以利用数据挖掘技术对 Web 网站的日志数据进行分析，以发现用户规律性的行为模式，在研究中通过采用 K-mean 聚类算法将用户聚类为不同集群，构建集群的用户画像[21]。刘锦宏等的研究基于"科技接受模型"和"用户行为关系理论"，采用将用户行为作为设计结构方程变量的非本体方法来构建移动数字图书馆用户行为模型[22]。在用户、资源属性标签的分类，以及关系描述的层级体系准确度方面，非本体方法存在准确度不高的问题，因而基于本体的方法逐渐成为用户行为建模的热点。Tang 等对学术用户画像进行了研究，通过拓展 FOAF 本体来构建学者的用户画像，在扩展模型中定义了 4 个基本概念、4 种关系和 29 个属性[23]。袁静基于本体构建了显式和隐式的用户模型，支撑个性化检索和推荐[24]。鲍翠梅在应用本体方法对信息资源和用户行为进行描述的基础上，提出了一种语义层次上的数字图书馆个性化服务框架[25]。由于本体建设具有标准规范较为成熟、属性类别可推理、便于一致性校验检查等优点，基于本体的方法在用户画像中成为一种被广泛使用的用户行为建模方法。然而，针对图书馆的现实需求，基于本体如何建立较为完整的用户行为模型，尤其是如何构建、构建怎样的词汇表、如何约束、推理规则如何，还涉及不多。

（3）用户画像应用及优化

用户画像在内容推荐、产品设计、精准服务等多个方面得到应用。例如，Golbeck 等关注了 Twitter 用户的行为特征，首次提出了使用用户的行为特征来预测用户人格的方法[26]。Park 等根据注册用户信息构建了用户画像，并采用协同过滤算法，研发了满足用户个性化需求的数字图书馆检索系统[27]。Semeraro 等提出将用户画像运用到数字图书馆智能过滤系统中，同时建议利用机器可读词典中的知识和概念来描述用户行为偏好，并认为机器学习方法与语言知识结合有助于更好地实现信息智能过滤[28]。国内曾鸿等通过采集微博数据进行分析，构建用户画像，分析企业用户的行为特征，支撑精准营销[29]。就当前而言，用户画像在图书馆领域中的应用还较为有限，主要是小范围应用在检索推荐系统中，缺乏在更多服务模式中的应用，如潜在用户发现、学术评价等。

用户画像的完善是一个往复迭代的过程，需要在应用中不断精准化和提升。Abel 等建立了 Twitter 用户的画像，并通过完善语义化描述提高了用户画像的准确性[30]。Mao 等基于扩散理论清理冗余标签，基于社会网络方法研究标签之间的关联关系，从而实现对用户画像标签系统的精简和优化，同时提出要分析和利用标签之间的关系来提高用户画像的精确度[31]。胡媛等构建了数字图书馆知识社区用户模型，同时通过层次分析法，根据用户画像中标签对服务能力的影响进行评估[32]。已有的研究中已经对用户画像的评估及优化进行了探讨，然而，这些探讨涉及的内容较少从图书馆角度对用户画像提出迭代优化的更新机制及方法。

2.2.3　ID映射体系建设

数据关联融合首先遇到的就是用户 ID 体系的打通问题，通常各业务线 ID 繁多，数据割裂，需要尽可能关联更多的数据，以准确地描绘出一个用户的画像。电商领域及互联网领域公司的用户画像多采用各自的 ID 体系，取得了较好成效。

（1）阿里巴巴 OneID[33]

阿里巴巴是一家横跨了电商、金融、广告、文化、教育、娱乐和社交等众多领域的公司，其数据产生的场景既包含了线上的用户行为、货品、服务、财务等，也包括了线下的人员、货物、位置等，涉及的数据类型众多，且格式和来源各不相同。在多来源数据的关联融合方面，阿里巴巴主要通过建立 ID 体系来实现多源异构数据的整合。

通常，ID 类型包含 phone、PC cookie、IMEI 与 IDFA、淘宝账户、支付宝账户、邮箱等。而对于每个部门来说，知道的只是这个客户的片面属性，在开展营销活动时，只是针对一个手机号或一个邮箱做营销，但背后不能识别出一个自然人或一个公司。为打破"数据孤岛"，创造更大的数据价值，阿里巴巴使用 OneData 作为核心方法论。

OneData 体系包含：

① OneModel：数据资产构建与管理；

② OneID：实体打通和画像；

③ OneService：逻辑化服务。

OneID 基于 ID 识别技术链接数据，高效生产标签，而业务驱动技术价值化，消除"数据孤岛"，提升数据质量与价值。ID 的打通，必须有 ID–ID 之间的两两映射关系，通过 ID 映射关系表，才能将多种 ID 之间的关联打通，完全孤立的两种 ID 是无法打通的。

打通整个 ID 体系，看似简单，实则计算复杂，计算量非常大。假如某种对象有数亿个个体，每个个体又有数十种不同的 ID 标识，任意两种 ID 之间都有可能打通关系，想要完成这类对象的所有个体 ID 打通需要数亿次计算，一般的机器甚至大数据集群都无法完成。

大数据领域中的 ID–Mapping 技术就是用机器学习算法来取代野蛮计算，解决对象数据打通的问题。基于输入的 ID 关系对，利用机器学习算法做稳定性和收敛性计算，输出关系稳定的 ID 关系对，并生成一个 UID 作为唯一识别该对象的标识码。

（2）网易 ID–Mapping

网易产品线有网易云音乐、网易邮箱、网易新闻、网易严选等，不同应用上有不同的 ID，如 yanxuanID、OAID、MusicID、phone、e-mail、IDFA、IMEI 等。要想标识唯一 ID，网易采用的思路及方案为：结合各种账户、各种设备型号之间的关系对，以及设备使用规律等用户数据，采用规则过滤、数据挖掘算法（连通图划分＋社区发现），判别账户是否属于同一个人。

问题一：用户有多个设备信息。

解决方案：定义相关的阈值进行关联，社区发现当前应用于营销场景，暂未应用于风控或用户运营场景。因为这种方式会把一些异常的账号关联在一起，且会存在仅登录使用过一次的设备信息。

问题二：设备过期，一般是两年半左右。

解决方案：设定衰减系数，对单用户多设备加大衰减力度。

备注：通常一人多设备对应的场景有借用朋友设备、设备脏数据、刷号等。

（3）58 ID-Mapping

58业务场景丰富，其产品线包含58同城、赶集、安居客、中华英才网、转转、58到家等。在这种多用户、多业务线、多子公司的情况下，用户数据种类繁杂，构建画像的数据来自日志、简历库、帖子库、用户信息库、商家库、认证信息库等数据源。其中，仅日志就涉及58同城、赶集、安居客等各个子产品的PC/M/APP日志。

不同业务线所拥有的ID标识不一（如58同城的wuser、wbdid、wimei，58赶集的guser、gbdid、gapud、gimei，安居客的kimei），如何将众多数据源串联起来是构建用户画像面临的第一个问题。

其中，可以通过ID-Mapping的过程，将telep、bidua、appua、IMEI、IDFA等不同ID建立关联映射关系。

（4）美团ID-Mapping

美团与大众点评进行了合并，同一个用户在两个APP上有不同的身份标识。美团采用手机号、微信、微博、美团账号的登录方式，大众点评采用手机号、微信、QQ、微博的登录方式，其交集为手机号、微信、微博。最终，对于注册用户账户体系，美团采用了手机号作为用户的唯一标识。

2.2.4 用户画像的典型应用场景

当前，用户画像主要应用场景聚焦在电子商务、医疗健康、旅游交通、图书馆等方面。

（1）电子商务方面

在电子商务方面，用户画像的应用场景主要聚焦在基于用户需求特征的个性化产品或信息的精准推荐方面。例如，YouTube、奈飞公司等根据用户的网络浏览、视频点击量等向其推荐潜在感兴趣的视频。在线商务网站等也往往通过在浏览器埋码、设置cookie、网络评论数据抓取等方式捕获用户行为数据，进而根据用户喜好向其推荐潜在购买商品[34]。当前，用户画像在电子商务方面的应用主要在信息精准推荐、潜在信息关联发现等方面。有学者深入研究了淘宝等电商平台，从新颖性、准确性、时效性3个方面对具有代表性的电商个性化推荐系统进行分析比较[35]；有研究从用户的消费行为角度，挖掘用户的行为规律特征，构建用户画像，利用 RFM 模型（最近一次消费、消费频率及消费金额）识别判断用户的潜在价值，支撑实现精准营销[36]。

（2）医疗健康方面

用户画像在医疗健康方面的应用较为广泛，主要聚焦于更高效率地对海量用户医疗数据进行整合挖掘，并构建患者的用户画像，掌握患者特征，进而为其提供精准医疗健康卫生信息服务。国外的典型研究主要包括：Lerouge 等对老年慢性病患者的数据进行采集和整合后构建用户画像，并根据此类老年患者的需求，研发出适应老年慢性病患者需求的医疗健康信息推荐系统[37]；Wang 等则通过管理集合个人信息，提出了医疗健康卫生信息模型，该模型还同时兼顾了检索性能和用户隐私保护，并能够较好地支持医疗健康信息的个性化检索需求[38]；Abidi 等则从用户的谈话内容角度开展对医疗健康信息的推荐研究[39]。国内的典型研究主要包括：唐晖岚等基于对书签数据的采集，提取用户医疗健康信息行为等属性特征，通过构建医疗健康信息用户画像，预测用户未来的医疗健康信息行为[40]；还有研究人员通过语义网络，构建用户健康画像，实现个性化的智能医疗健康服务[41]；部分研究人员通过开发专属工具，定向采集分析在线医疗健康社区的用户数据，针对在线医疗健康用户群体构建了画像模型，并用关联规则算法对不同在线医疗健康用户群体的行为规律进行挖掘[42]。与国外相比，我国用户画像在医疗健康领域的应用和研究还有待深入发展。在医疗健康领域，用户画像的应用能极大方便患者的就医看病，有助于医患双方深入了解更多隐性信息，进而支撑精准医疗的开展。用户画像在医疗健康领域的实践和应用，还有助于推进全社会医疗健康信息库的共建共享，助力我国医疗健康卫生事业的快速发展。

（3）旅游交通方面

当前，用户画像在旅游产品推荐、旅游线路的个性化制定与规划等方面得到较多实践和应用。国内外典型的研究和实践主要包括：研究人员通过用户偏好、用户满意度等提取用户特征，构建用户画像，开展挖掘分析，同时结合用户实时地理位置等信息，为不同的用户制定、推荐个性化旅游方案[43]；Nilashi 等则通过协同过滤（collaborative filtering，CF）算法，根据相似用户的行为规律来预测当前用户的旅游信息需求，进而为用户规划适合的旅游路线[44]；有研究通过采集在线旅游网中北京地区酒店住宿的用户评论信息，构建酒店用户本体，并对用户评论进行情感分析，进而构建酒店用户的画像，以支撑酒店的精准营销及个性化服务[45]；常亮等则基于用户个性化需求构建了旅游推荐系统，并将旅游信息的个性化推荐作为该系统的重点栏目进行了设计[46]。综上所述，国内用户画像在旅游交通领域的实践应用尚待进一步开拓，现有研究主要集中在以用户基本信息、行为数据为基础构建用户画像，而在跨领域、综合性的用户画像构建和应用等方面有待进一步研究。

（4）图书馆方面

图书馆是文化传承和知识传播的重要场所，承担了教育、信息传播和公益服务的职能。为了更好地为读者提供个性化服务，图书馆用户画像的研究与实践在业界日益受到重视。1985年，大英图书馆通过电话和个人访谈的方式开展调查，收集用户对英国Blaise-line书目数据库的意见和建议，并对使用情况进行相关性分析，以优化Blaise-line提供的服务[47]。

Thompson通过研究发现借助用户画像技术可以更好地为图书馆用户提供精准信息服务[48]。也有国外学者研究表明，用户画像建模方法已经在工业、图情领域的实践中拥有了成功的应用案例，并确信用户画像也能够在图书馆领域中获得成功[49]。近年来，国内图书馆领域学者开展的用户画像研究也逐渐增加，具有一定代表性的包括：基于移动图书馆场景，有学者构建了移动场景下的图书馆用户画像标签体系，通过调查问卷对高校移动图书馆用户的使用偏好、基本属性、使用行为等数据进行收集，并采用判别分析、因子分析、聚类分析等算法进行用户挖掘分析，支撑图书馆的用户画像构建[50]；梁荣贤通过对国内外用户画像研究进展和趋势进行梳理和凝练，有针对性地提出了我国图书馆用户画像的应用建议[51]；李丹等基于图书馆用户画像对图书馆的推荐系统进行了进一步完善优化[52]。综合来看，在图书馆领域，用户画像的研究和应用集中在图书馆服务系统的个性化推荐方面，以进一步实现图书馆对用户的精准服务。

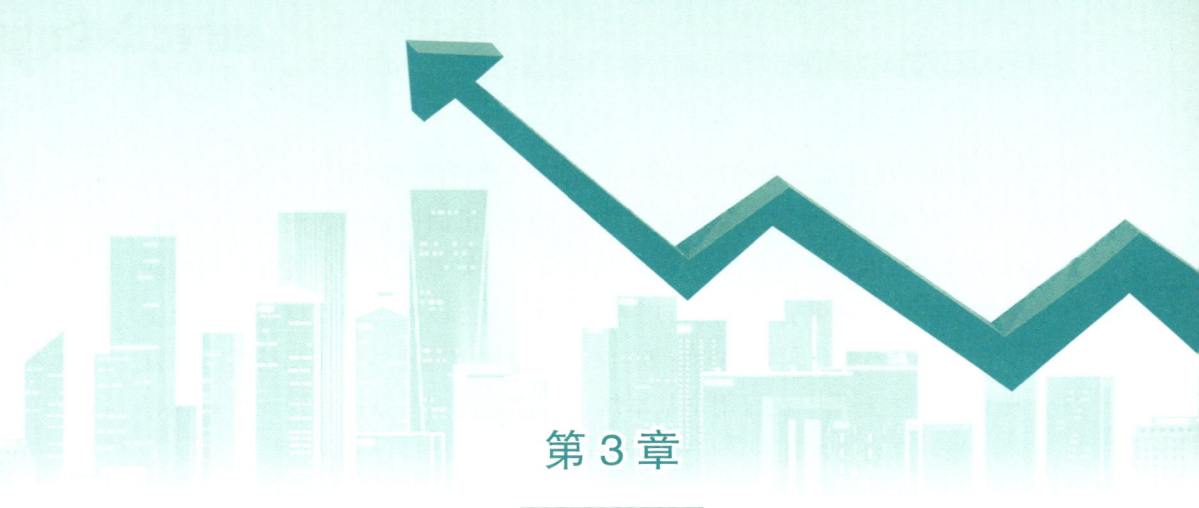

第 3 章

数字图书馆用户画像数据框架建设

用户数据是数字图书馆用户画像的基础,只有系统地对数字图书馆的典型业务进行梳理,分析用户信息数据产生过程,才能建设完善的数字图书馆用户画像元数据框架。为此,本书对国家科技图书文献中心(NSTL)的典型业务流程进行梳理,归纳并形成数字图书馆用户信息数据框架。

3.1 数字图书馆用户信息数据产生分析

3.1.1 基于NSTL总服务框架的用户信息产生分析

NSTL 为用户提供差异化的资源,在检索、文献获取等方面也存在着差异。不同的用户信息与具体的服务流程紧密关联,所有的用户信息都可基于服务流程的分析来获得。本书按资源、用户和服务等因素,将 NSTL 的总服务框架分为资源层、用户层和服务层 3 个层面(图 3–1)。

第 3 章
数字图书馆用户画像数据框架建设

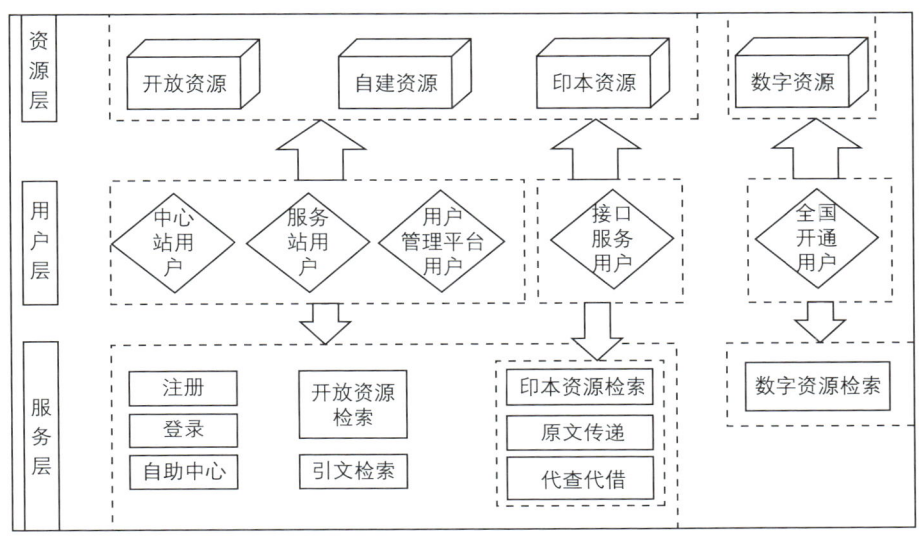

图 3-1　NSTL 总服务框架

3.1.2　文献检索

（1）印本文献资源检索

NSTL 向用户提供检索、题录访问、获取全文等在线网络服务。用户可以通过 NSTL 网站的"文献检索与全文获取"栏目对各类型的印本文献资源进行检索，用户在此过程中将会产生访问信息、页面设置信息、浏览信息和收藏信息等（表 3-1）。

表 3-1　检索印本文献资源产生的用户信息

信息类型	具体描述	具体指标（部分）
印本文献资源访问	记录用户访问的印本文献资源信息	访问页面、访问时间
印本文献资源检索	记录用户在 NSTL 检索印本文献资源的步骤信息，包括一次检索、二次检索（检索结果中的作者检索、机构检索、关键词检索等）	时间范围、检索类型、检索式、查询范围、出版年范围、馆藏范围、查询方式、字顺、年卷期、学科分类

续表

信息类型	具体描述	具体指标（部分）
印本文献资源页面设置	记录用户在检索结果页面的个性化设置信息	结果引用次数、显示排序方式、结果显示条数
印本文献资源浏览	记录用户在网站中浏览文献的信息	文献标题、IP、文献数据库名、时间、日志类型
印本文献资源收藏	记录用户收藏的检索策略、文献等信息	收藏时间、检索式、名称、DB

（2）电子文献资源检索

NSTL 提供"跨库期刊检索"和"回溯期刊检索"两种电子文献资源的检索方式。使用者在检索过程中将会提供相应的访问信息、检索信息、浏览信息、页面设置信息和下载信息（表3-2）。

表3-2 检索电子文献资源产生的用户信息

信息类型	具体描述	具体指标（部分）
电子文献资源访问	记录用户访问电子文献资源的信息，如外文回溯期刊全文数据库、全文文献、网络期刊跨库检索	请求页面、请求时间
电子文献资源检索	记录用户在网站上检索电子文献资源的行为，包括一次检索、检索结果中的作者检索、关键词检索等	时间范围、检索类型、馆藏范围、查询范围、查询方式、出版年范围、检索式、字顺、学科分类、年卷期
电子文献资源浏览	记录用户在网站上浏览数据库、文献的信息	时间、文献标题、日志类型、数据库名
电子文献资源页面设置	记录用户在检索结果页面的个性化信息	结果显示数量、排序方式（时间、相关度）、引用数量
电子文献资源下载	记录用户在网站上的电子文献下载信息	时间、下载日期、文献标题

（3）开放资源检索

NSTL 的开放资源检索有两种方式：一种是通过 NSTL 网络服务系统链接到出版网站访问开放资源；另一种是通过 NSTL 开放集成检索系统直接获取开放资源。在此环节将产生相应的访问日志、资源推荐、检索内容、意见或建议等信息（表 3-3）。

表 3-3 检索开放资源产生的用户信息

信息类型	具体描述	具体指标（部分）
开放资源访问	记录用户访问开放资源产生的信息	访问页面、访问时间
开放资源检索	记录用户在图书馆网站上检索开放资源的行为	文献检索类型、检索表达式、学科分类、年卷期等
开放资源浏览	记录用户在图书馆网站中浏览开放期刊、开放会议论文等文献的行为信息	时间、题名、日志等
文献推荐	记录用户推荐的期刊、会议录等文献品种信息	用户名、品种名、ISSN、学科分类等
用户意见	记录用户针对图书馆资源与服务提出的意见	用户名、意见与建议内容、意见提出时间等

（4）特色数据库检索

NSTL 网络服务系统中提供"国际科学引文数据库"（Database of International Science Citation，DISC）的检索服务。DISC 可从引文、论文、品种等角度进行检索导航，提供关键词、合作关系、年被引量、共被引等指标的可视化服务。用户在使用该服务过程中将产生检索词、访问时间、下载行为等信息（表 3-4）。

表 3-4 检索特色数据库产生的用户信息

信息类型	具体描述	具体指标（部分）
特色数据库访问信息	记录用户访问特色数据库的信息，如国际科学引文数据库	请求页面、请求时间
特色数据库检索信息	记录用户在特色数据库中的检索操作，包括一次检索、二次检索（检索结果中的作者检索、关键词检索等）	检索类型、检索式、字顺、年卷期
特色数据库资源浏览信息	记录用户在网站中的期刊、年文献量、年被引量、文献等信息	时间、标题、日志类型
特色数据库注册信息	记录用户在国际科学引文数据库中注册的个人信息	用户ID、用户名、密码、邮箱、学历、学科、在研项目等
特色数据库登录信息	记录用户在国际科学引文数据库中的登录信息	用户名、邮箱、密码、登录时间
推送信息	记录用户设置的文献推送信息	用户名、名称、推送方式
题录下载信息	记录用户在网站中下载数据的信息	IP、时间、文献标题、作者、被引次数、文献出处

3.1.3 全文传递

全文传递是一种重要的全文提供服务，面向实名用户提供印本文献的电子扫描件。实名用户可以根据文献全文需求，提交全文获取申请。NSTL 的全文传递服务时效为 24 小时，可以使用加急服务，将全文传递服务的时效减少到 12 小时内。全文传递服务将收取少量成本费，并且面向 12 个西部地区实行半价或免费的政策。NSTL 提供的全文仅限于个人用户学习、研究使用，不能用于商业目的。用户可以在"自助中心"栏目中查询已经发生的全文传递订单详情。在全文传递服务中将产生订单、账务等信息（表 3-5）。

表 3-5　全文传递产生的用户信息

信息类型	具体描述	具体指标（部分）
全文传递使用信息	记录用户在全文传递过程中的使用信息	请求页面、请求时间
全文传递订单信息	记录全文传递请求的订单信息	文献唯一标识码、传递方式、订单号、文献订购号、请求提交时间、请求接收时间、加急标志、处理状态、用户提交的备注
全文传递费用信息	记录与全文传递文献相关的费用信息	文献订购号、计费页数、服务费、计费方式、复制费、版权费、附加费、邮寄费、加急费、折扣率、预扣费用、订单类型、执行单位代码、文献来源描述
全文传递用户通信信息	记录与全文传递文献相关的用户信息	记录唯一标识、用户账号、联系电话、e-mail、用户类型、收件人、邮政编码、通信地址、传真地域标志
全文传递文献信息	记录与全文传递文献相关的文献信息	文献记录号、文献语种、题名、页码、母体名、关键字、中图分类号

3.1.4　代查代借

代查代借是面向实名用户提供的图书馆馆员帮助查找全文的特殊文献传递服务。用户提交需求订单后，图书馆馆员根据代查代借订单中的查找范围、文献信息、时间和费用等内容，依次在国内或国际文献服务机构查找全文，并且将查找结果上传到自助中心，用户在自助中心下载全文。在此过程中产生的用户信息如表 3-6 所示。

表 3-6 代查代借产生的用户信息

信息类型	具体描述	具体指标（部分）
代查代借访问	记录用户在代查代借服务过程中产生的访问信息	请求页面、请求时间
代查代借直接订单	记录代查代借的订单信息	文献订购号、订单号、加急标志、文献唯一标识码、请求接收时间、请求提交时间、处理状态、传递方式、备注信息
代查代借订单费用	记录相关费用信息	文献订购号、订单号、计费方式、计费页数、预扣费用、复制费、版权费、加急费、附加费、服务费、折扣率、邮寄费、订单类型
代查代借用户通信信息	记录与文献订购相关的用户信息	记录唯一标识、用户账号、通信地址、用户类型、邮政编码、联系电话、e-mail、传真
代查代借文献订购表	记录代查代借直接订单中的所有文献信息	文献唯一标志、文献订购号、订单号、文献标题、页码、作者、出版年、文献来源、文献语种、实际传递方式

3.1.5 参考咨询

参考咨询是用户在图书馆文献查找过程中遇到困难时，图书馆馆员协助其解决的一种服务。通常的参考咨询分为实时咨询（如电话咨询等）、非实时咨询（如邮件咨询等）两类。通常，实时咨询时间为国家规定的工作时间，图书馆馆员将实时回答用户的问题。对于非实时咨询，用户可以通过邮件或留言板提出问题，图书馆馆员将通过电子邮件或留言板等方式，在 2 个工作日内对问题予以回复，在此过程中将产生相应的咨询信息、个人信息等（表 3-7）。

表 3-7　参考咨询产生的用户信息

信息类型	具体描述	具体指标（部分）
咨询页面访问信息	记录用户使用咨询系统的信息	请求页面、请求时间
问题对话	记录用户咨询的问题	IP、时间、咨询记录、咨询方式、咨询员
咨询浏览	记录用户查看已回答的问题、学科问题、常见问题等行为信息	IP、URL、请求时间
个人信息	记录咨询时提交的个人信息	用户ID、姓名、电话、e-mail

3.1.6　其他

（1）用户注册

NSTL 将用户划分为不同类型，并根据用户类型采取不同的注册方式，这些注册方式产生的信息存在不同（表 3-8）。

表 3-8　用户注册信息

信息类型	具体描述	具体指标（部分）
个人用户注册信息	记录个人用户注册时的信息	用户名、职业、性别、角色代码、用户类型、教育程度、出生日期、国家、联系电话、手机、传真、邮政编码、消费额、通信地址
机构用户注册信息	记录机构用户注册信息	用户名、机构名称、机构性质、联系人、地域、联系电话
用户管理平台注册信息	记录用户管理平台的注册信息	单位名称、负责人、申请时间、软硬件概况、机构性质、联系人、申请单位基本情况
接口服务注册信息	记录接口服务用户注册信息	机构名称、机构性质、接口类型、联系人

（2）用户登录

用户在登录 NSTL 网站系统过程中会产生登录信息，或者对个人注册信息进行更新等（表 3-9）。

表 3-9 登录产生的用户信息

信息类型	具体描述	具体指标（部分）
用户登录行为信息	记录用户的登录行为	IP、用户名、密码、登录时间
用户注册信息	修改用户的最新注册信息	IP、用户名、角色代码、性别、出生日期、用户类型、国别、教育程度、职业、联系电话、手机、传真、通信地址、邮政编码、消费额
用户登录访问信息	记录用户在登录过程中的页面访问信息	请求页面、请求时间

（3）自助中心查询

自助中心是用户收藏文献，查看订单、账务等信息的系统栏目。在此过程中将产生用户的订单查询信息、账务查询信息、充值日志信息、文献下载信息和定制信息等（表 3-10）。

表 3-10 自助中心中产生的用户信息

信息类型	具体描述	具体指标（部分）
订单查询	记录用户订单查询的信息	订单号、查询时间、标题
账务查询	记录用户查询账务的信息	文献订购号、付款日期、付款金额、消费日期、付款方式、花费金额
充值日志	记录用户充值相关信息	充值方式、充值时间、充值账号、充值金额
文献下载	记录用户下载文献的信息	下载时间、文献名称
定制信息	记录用户定制信息	推送策略名称、检索式、数据库、推送方式、频率、邮箱

续表

信息类型	具体描述	具体指标（部分）
自助中心页面访问	记录用户在自助中心的访问信息	请求页面、请求时间

3.1.7 小结

由前述分析可知，NSTL在服务过程中产生的用户信息类型多样。根据描述对象内容和属性的特征，NSTL用户信息可以分为用户基本信息和用户行为信息。用户基本信息主要包含用户名、性别、年龄、职业类型等较为固化的属性信息。用户基本信息大部分为静态信息，产生后，短期内相对固定，变化较小。用户行为信息主要是指图书馆在资源和服务利用环节中产生的快速变化和增长的用户信息，主要表现为动态信息的形式。用户行为信息中的检索行为、访问行为和浏览行为等往往具有很强的时效性，一旦用户退出当前登录状态，其在当前登录中产生的信息将成为用户的历史足迹信息，对历史足迹信息的访问又可能产生检索、浏览等信息。若注册用户未登录，则通过cookie记录客户端的检索、访问及浏览等信息。cookie具有时效性，在用户结束当前访问会话时，其当前产生的cookie将成为下一次会话的历史足迹信息（表3-11）。

表3-11 NSTL用户信息类型

一级分类	二级分类	信息内容	信息来源
基本信息	个人信息	个人用户实名注册信息、自建特色数据库注册信息、用户通信信息、个人咨询信息	用户注册系统、全文传递系统、代查代借系统、联合参考咨询系统、科学引文索引数据库系统
	机构信息	全国开通数据库注册信息、接口服务注册信息、用户管理平台注册信息	通过邮件提交

续表

一级分类	二级分类	信息内容	信息来源
行为信息	登录信息	个人用户登录信息、自建特色数据库登录信息	用户登录系统、科学引文索引数据库系统
	检索信息	①当前登录产生的印本文献资源检索信息、数字资源检索信息、开放资源检索信息、自建特色数据库检索信息 ②未登录时，当前会话中产生的印本文献资源检索信息、数字资源检索信息、开放资源检索信息、自建特色数据库检索信息	印本资源/数字资源/开放资源检索系统、科学引文索引数据库系统、客户端cookie
	访问信息	①当前登录产生的印本文献资源访问信息、数字资源访问信息、开放资源访问信息、自建特色数据库访问信息、咨询信息、其他行为信息 ②未登录时，当前会话中产生的印本文献资源访问信息、数字资源访问信息、开放资源访问信息、自建特色数据库访问信息、咨询信息、其他行为信息	NSTL主网站及各子系统、客户端的cookie等
	浏览信息	①当前登录产生的印本文献资源浏览信息、数字资源浏览信息、开放资源浏览信息、自建特色数据库浏览信息、参考咨询浏览信息 ②未登录时，当前会话中产生的印本文献资源浏览信息、数字资源浏览信息、开放资源浏览信息、自建特色数据库浏览信息、参考咨询浏览信息	印本文献资源/数字资源/开放资源检索系统、科学引文索引数据库系统、参考咨询系统、客户端cookie
	订单信息	全文传递订单信息、代查代借直接订单信息	全文传递系统、代查代借系统
	订单文献信息	全文传递文献信息、代查代借文献信息	文献数据库

续表

一级分类	二级分类	信息内容	信息来源
行为信息	文献收藏信息	印本文献资源收藏信息	印本文献资源检索系统
	参考咨询信息	咨询问题信息	参考咨询系统
	文献推荐信息	推荐信息	开放资源系统
	定制信息	定制信息	科学引文索引数据库系统、自助中心
	文献下载信息	数字资源下载信息、元数据下载信息、全文文献下载信息	数字资源检索系统、科学引文索引数据库系统、自助中心
	页面信息	印本文献资源页面设置信息、数字资源页面设置信息	印本文献资源检索系统、数字资源检索系统
	账务信息	全文传递费用信息、代查代借费用信息、充值信息	全文传递系统、代查代借系统、自助中心
	查询信息	订单查询信息、账务查询信息	自助中心
	意见建议	意见与建议	开放资源系统
历史足迹信息	检索历史足迹信息	回溯登录状态下和未登录状态下产生的印本文献资源检索信息、数字资源检索信息、开放资源检索信息、自建特色数据库检索信息	印本文献资源/数字资源/开放资源检索系统、科学引文索引数据库系统、客户端的cookie
	访问历史足迹信息	回溯登录状态下和未登录状态下产生的印本文献资源访问信息、数字资源访问信息、开放资源访问信息、自建特色数据库访问信息、问题咨询访问信息、其他操作的访问行为信息	NSTL各系统、客户端的cookie
	浏览历史足迹信息	回溯登录状态下和未登录状态下产生的印本文献资源浏览信息、数字资源浏览信息、开放资源浏览信息、自建特色数据库浏览信息、问题咨询浏览信息	印本文献资源/数字资源/开放资源检索系统、科学引文索引数据库系统、参考咨询系统、客户端的cookie

根据不同文献资源的不同服务方式，通过对 NSTL 文献信息资源利用方式的分析，并基于 NSTL 业务流程，剖析了各种文献资源和对应服务的主要业务环节，从业务环节分析了相应的用户信息。最后，从用户信息的对象和属性，以及时间等角度，将用户信息划分为基本信息、行为信息和历史足迹信息，以便后续对用户进行画像分析。

3.2 数字图书馆用户元数据框架维度分析

数字图书馆的用户不仅使用图书馆的资源和服务，同时也是文献资源的创造者，因此构建数字图书馆用户元数据框架时，既要充分考虑到用户在图书馆内使用资源和服务的行为数据，又要考虑到用户作为文献贡献者的行为数据，只有这样才能将数字图书馆用户画像刻画得更为精准和全面。为此，数字图书馆用户数据的收集需要同时考虑数字图书馆可获取性与用户数据融合场景，从数据源、用户特征、应用场景 3 个方面，进行用户数据融合框架的设计，充分突出用户的个性、共性及学术特征，同时确保用户数据融合的准确性、可行性与实用性（图 3-2）。

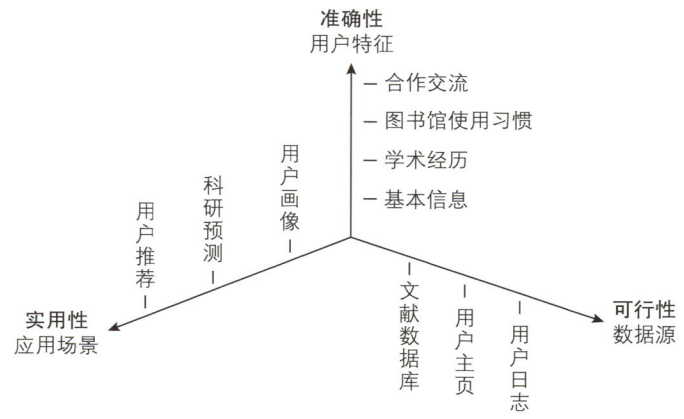

图 3-2 数字图书馆用户元数据框架设计维度

（注：应用场景是指图书馆常见的服务功能，如洞察读者的阅读习惯与偏好、实现个性化阅读推送等，后文对此不再展开阐述）

3.2.1 用户数据源情况分析

用户日志数据库中包含了用户使用图书馆资源和服务的信息，如请求的文献学科、时间、频率、花费，以及基本的注册信息等。用户不但是文献的使用者，同时也是文献的生产者，因而文献数据库中不但包含了大量用户的论文成果信息，同时也包含了其论文发表时所在机构、研究领域等学术信息。用户的社交媒体或学术主页往往也包含了部分用户参与、关注的学术交流行为信息。因而，对数字图书馆文献数据库中用户发表论文信息进行收集，则能较为准确地获取到用户的学术兴趣、科研合作等信息，是用户数据的重要来源。但通过文献收集到的作者所在机构、研究领域等信息，往往是静态的，若用户发表文献的时间间隔较长，则难以判断用户当前的最新状态，而学术新闻及动态等网络信息则能够在相当程度上弥补数字图书馆文献用户数据更新缓慢的不足。

本部分以数字图书馆文献数据库、用户的社交及学术主页、学术新闻动态为数据源，分析不同数据源所对应和体现出来的用户特征，构建图书馆用户标签体系，以支撑用户元数据框架设计。通过文献数据库，能够容易获取到学科领域、关键词、合作者、作者机构、论文量、被引量等与用户学术直接相关的数据；而用户社交及学术主页中可以较为容易地获取到用户最新研究方向、学术荣誉、工作经历、教育经历、项目等信息；学术新闻动态则可能包含用户机构、职称、职务、学术兴趣等个人信息，部分职务任免、成果发布等新闻动态则能较快地反映用户身份信息的最新状态，如获奖情况、研究进展等。用户行为习惯则包括了用户使用图书馆文献服务的特征，如文献订单量、频率等，这些信息都可以通过图书馆的后台数据库统计得到。通过对各数据源的调研分析，归纳出支撑用户画像的元数据，形成数字图书馆用户元数据与数据源对应表（表3-12）。

表 3-12　用户元数据与数据源对应表

元素	子元素	数据源			
		文献数据库	学术新闻	学术主页	图书馆用户行为数据库
基本信息	姓名	√	√	√	
	性别	√		√	
	出生年份	√		√	
	出生地	√			
	研究方向	√	√	√	
通信信息	通信邮箱	√		√	
教育经历	学位	√	√	√	
	院校	√	√		
	专业	√			
工作经历	机构	√	√	√	
	职务	√			
	职称	√		√	
论文	题名	√		√	
	母体文献	√		√	
	关键词	√		√	
	引证文献	√			
	被引文献	√			
学术荣誉	荣誉名称		√	√	
	授奖机构		√	√	
	级别		√	√	

续表

元素	子元素	数据源			
		文献数据库	学术新闻	学术主页	图书馆用户行为数据库
基金项目	名称	√	√	√	
	编号	√	√	√	
	类型	√	√	√	
	基金来源	√	√	√	
专利发明	名称		√		
	机构		√		
	领域		√		
使用行为	订单量				√
	订单学科分布				√
	订单频率				√
	语种				√
	时间				√

可采用 API 接口/OAI 协议对互联网中部分支持该协议的学术新闻、用户主页等包含用户数据的网络数据资源进行采集，并对采集网页中包含的用户数据信息进行抽取，采取结构化文档对抽取的元数据进行保存。对于数字图书馆自建的机构知识库或订购的商业文献数据库，通过对这些知识库和数据库中收录的用户文献进行抽取，可实现用户信息与数据的集成。用于抽取元数据的资源包括用户网络学术文档、原始文件、出版物等。

3.2.2 数字图书馆用户特征

用户数据融合的目标之一是突出用户特征。学术科研经历是用户的重要特征。个人的教育经历、工作经历、承担的项目和课题是用户个性化特征的重要代表，将清晰地反映出用户的学术行为。学术成就是用户学术能力的重要特征。例如，传统引文可从某个维度突出学术成果的质量。此外，重大项目课题、荣誉奖励也都从某一侧面反映用户的学术水平。

用户数据既要体现用户的共性，也要展示用户的个性，突出用户特征。本书构建数字图书馆多源用户数据融合框架借鉴 Altmetric 的方法，Altmetric 将数据划分为 5 类，分别是社会媒体（social media）、使用（usage）、获取（captures）、引文（citation）和提及（mentions）[53]，并根据不同来源设置相应权重，最终得出对象的 Altmetric 分值。数字图书馆多源用户数据融合框架包括用户注册信息、学术新闻、社交媒体、学术论坛、文献数据库等方面的数据，并从用户基本信息、用户行为、学术经历、成果产出和交流合作等维度整合用户数据。

基本信息主要包括用户自然属性，教育与工作经历则反映了用户研究背景。学术成就包含用户论文、获得荣誉、承担基金项目等信息，直接反映用户的学术状况，是用户画像的重要内容。交流合作包括学术活动中的合作、引用、被引，以及交流过程中产生关联与互动的用户及机构，对交流合作进行分析，有利于挖掘、发现学术团体，促进用户学术活动的合作，同时对于学术评价有着重大意义和参考价值。用户偏好反映了用户的文献使用习惯，通过分析用户使用数字图书馆资源产生的用户日志，得出用户对学术资源的需求，从而提供个性化服务。

3.3　数字图书馆用户元数据框架设计

元数据框架是对多源异构用户数据进行采集、整合的最重要工具，通过构建用户元数据框架，明确用户特征属性，以及用户元数据抽取的目标实体内容、数据的属性间、实体间、实体与属性间的关系。本部分对数字图书馆用户元数据进行分析，设计用户元数据及特征属性框架，在此基础上设计用户元数据逻辑结构和存储结构。

3.3.1 数字图书馆用户特征属性框架设计

基于文献资源数据库,结合用户主页、学术新闻、用户行为日志,从应用场景、用户特征、数据源等3个方面对用户特征属性框架进行设计,构建了"用户–元素–属性"三级框架(图3–3)。其中,"?"表示出现0次或1次;"*"表示出现0次或多次;无符号表示必须出现且仅出现1次。

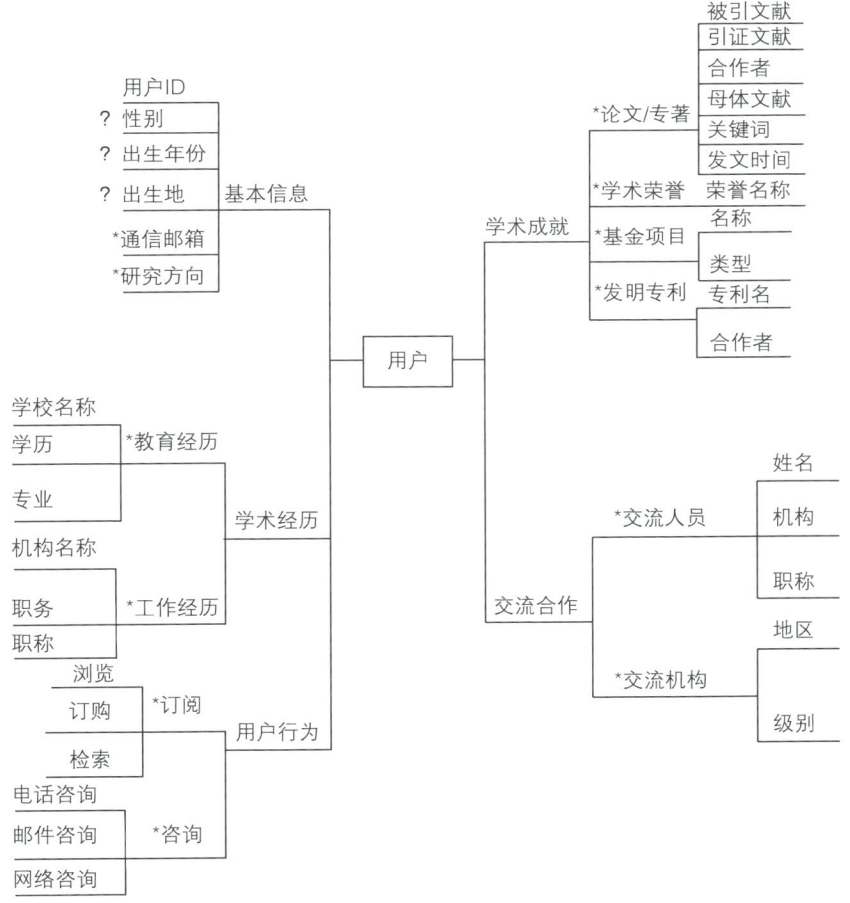

图3–3 数字图书馆用户特征属性框架

数字图书馆用户特征属性框架要具有全面性。全方位地从多个来源收集用户的学术成果、学术文献、学术动态、使用行为等信息，抽取整合的用户信息既包括联系方式、职务、职称等用户基础信息，也包括从文献资源数据库中统计的被引量、发文量等学术信息，还包括用户行为、学术成就、学术经历、交流合作等方面的其他信息，以实现用户数据的融合集成，全面对用户画像进行构建。

用户特征属性框架同时需要具备动态性。教育与工作经历随着时间不断变化；研究领域等也会随着研究进程而不断变化。因此，论文、项目、荣誉、工作经历、教育经历等元数据项的数量可以为任意次，以便扩展用户特征属性框架。此外，还需要从不同数据源，对同一用户的信息进行补充，才能形成对用户完整和正确的描述。

从"用户–元素–属性"维度设计用户特征属性框架，其中第一层级包含了基本信息、用户行为、学术经历、交流合作、学术成就等5个方面。又从不同的描述维度展开，设计各自相应的用户元数据，分别形成用户特征属性框架的第二、第三层级。

3.3.2 数字图书馆用户元数据逻辑结构设计

图3-4显示了数字图书馆用户元数据的概念结构框架，并依据图3-3的用户特征属性，利用实体–关系–属性的表达方法，实现数据的结构化表示与关系关联。将论文、荣誉等用户的学术成果与学校、机构等单位转换成实体，并将各个实体的属性进行延伸；学术倾向不能作为实体，通过学科方向和研究方向属性与用户进行关联；通过论文、专利等实体中的作者和机构属性，与合作者的机构进行关联，另外一些用户属性由于是通过与科研实体关联产生，不能归入其他科研实体，因此纳入实体关系。例如，毕业时间、学位、专业等属于用户的教育学习经历，不属于学校属性；而用户对应特定学校才能产生相应的毕业时间、学位等属性，因此，这些属性包含在"学习"关系中。

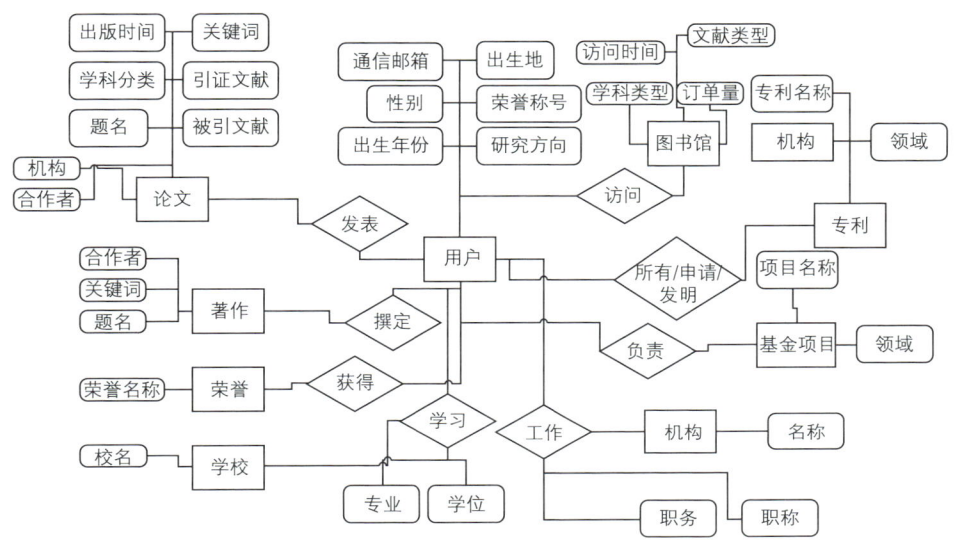

图 3-4　用户实体-属性概念结构框架

对于学科、研究方向、领域等可根据《中华人民共和国学科分类与代码国家标准》进行元数据规范，《普通高等学校本科专业目录》《学位授予和人才培养学科目录》等文件则可为授予学位和培养研究的专业学科等实体集构建提供支撑。《关于深化职称制度改革的意见》《关于在部分职称系列设置正高级职称有关问题的通知》等文件则可为职务、职称等属性的规范提供支持。

3.3.3　数字图书馆用户元数据存储结构设计

用户学术资源格式众多，包括文档、图片、音频、视频等，不同格式的资源应该采取不同的方式进行加工与存储。

实体属性关系模型独立于数据的物理结构和逻辑结构，为此，需要设计针对用户元数据的逻辑结构，以满足关系型数据库模式要求，从而实现多来源数据的存储。按照关系数据库 3NF 的要求，首先将用户 E-R 模型数据框架转换为关系模型，且同时满足第三范式，进而创建关系数据表，在不同数据表之间建立关联（图 3-5）。在设计转化过程中，为了数据读取和计算方便，针对部分属性和关系增加了少量冗余存储。例如，在论文、专著等成果表中，为了集中快速获取特定用户的所有类型成果，每个学术成果信息表都要包含用户 ID，以加快数据表的关联操作。此外，当用户数据在更新、变动时，与之相关联的数据表和字段都要联动进行更新。

多个相关数据表的关联，形成完整的数据库结构。构建用户注册表（registration）、通信信息表（contact）、社交信息表（social）、基金项目总表（fund）、机构表（institution）、合作表（coscholar）、学术荣誉表（honor info）、用户日志表（login）、论文信息表（paper info）等用户数据表，以对多来源用户数据进行关联存储。

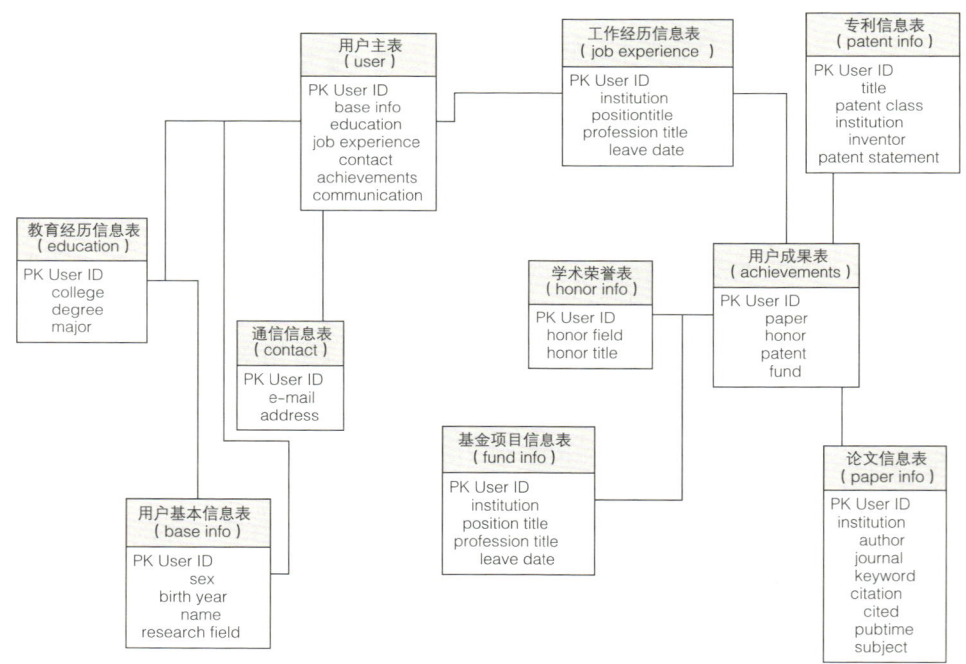

图 3-5　数字图书馆用户数据关系模型

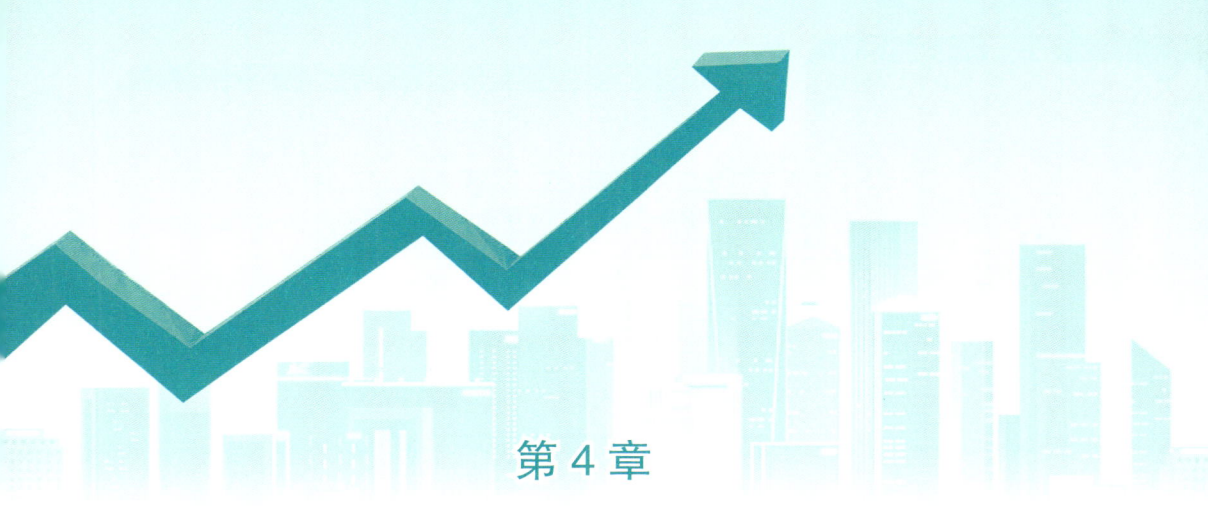

第 4 章

数字图书馆用户画像数据融合研究

数字图书馆用户本身存在着较为独特的属性与特征。用户数据融合不是对用户所有属性进行识别、抽取，而是针对特定用户，面向需求对相关的实体和属性进行识别与抽取。本书构建多源用户数据融合过程，在前述用户特征框架的基础上，明确用户数据抽取的目标内容、数据的属性与之间的关系；在数据模型的基础上进行信息抽取和异构数据整合，实现数据映射；满足需求层的特征关联、特征融合与态势估计，实现多源数据融合（图 4-1）。

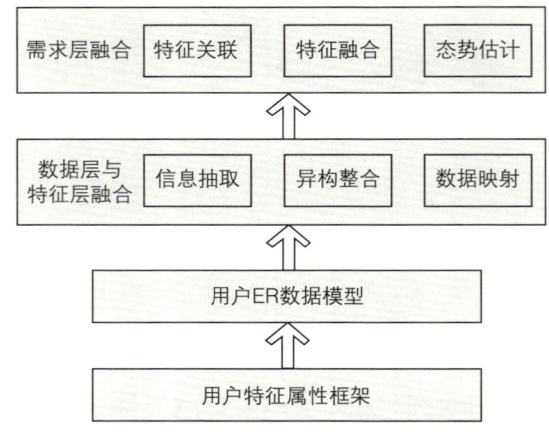

图 4-1 数字图书馆多源用户数据融合过程

4.1 数字图书馆用户异构数据整合方式分析

用户数据存在于多源信息中,需要将不同结构数据进行融合,形成结构化的用户数据。以数据来源框架为参照,针对半结构化数据进行实体与属性抽取,将异构数据进行整合(图 4-2)。

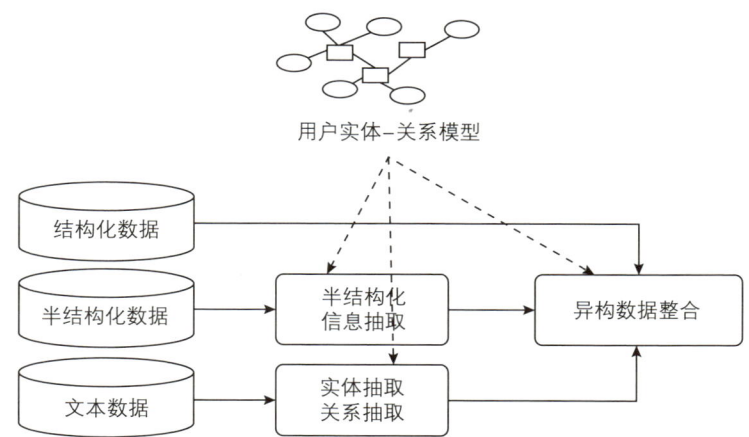

图 4-2 数字图书馆用户异构数据整合方式

4.1.1 半结构化用户数据分析

半结构化用户数据分为 HTML 表格、标记数据、JSON 等一系列数据格式，这些数据既包含了相应的特征属性，又以非结构化的方式暗含了实体间、实体-属性关系。目前，对于半结构化信息的抽取，大多数的研究都是采用 Wrapper 来解决 HTML 源数据的。可以通过对文本进行分析，总结出抽取规则，并根据规则对半结构化实体、属性进行抽取。

4.1.2 非结构化用户数据融合分析

大量用户信息分散存在于使用自然语言进行描述的非结构化文本中，如用户主页、学术新闻等。为此，需要通过实体识别、属性抽取和关系抽取等方法，将非结构化的文本转化为结构化的表述和存储。

（1）实体识别

实体抽取的主要任务是对实体进行识别标记，并进行分类，目前主要有基于规则和词典的方法、基于统计的方法两种实体识别技术。通过对用户主页、学术新闻等数据源进行分析，归纳总结出与用户相关的实体（表 4-1）。

表 4-1 用户实体类别与样例

实体类别	实体名称	含义	样例
人名	scholar	用户本人、合作者	某院士用户
机构名	institution	工作机构、合作机构、就读学校	南京理工大学、新加坡国立大学
科研成果名	output	产出论文、专著、发明专利、基金项目	The International HapMap Project
获奖名称	honor	用户获得的学术奖励	国家科学技术进步奖、何梁何利基金奖
荣誉称号	title	用户获得的主要荣誉称号	中国科学院院士、"长江学者"特聘教授

续表

实体类别	实体名称	含义	样例
时间	time	出生日期、获奖日期、发表日期	1967年、2007年5月
地名	place	出生地、合作地区	唐山市、新加坡

其中，地名、时间、人名的识别方法相对较为成熟可靠，对于机构名的实体识别虽然也有相关研究，但通过机构名称词典可以使抽取结构更加准确、有效。我国学术图书馆用户的学习与工作机构主要集中于高校、科研机构、事业单位和大型企业，因此可以通过教育部、国务院国资委等网站获取主要机构名单，支撑机构名及组织类型的识别。对于获奖名称与荣誉称号，也可通过科技部、教育部等政府部门，中国科学院、中国工程院等科研机构及学协会颁布的荣誉奖项名单，构建基础词典。科研成果名可通过成果出现的特征，编写规则，进行抽取。例如，通常文本中的论文或著作等成果名称都带有书名号、双引号等，而英文成果名称则常用斜体字表达。因此，可根据不同属性特征，编写规则对科研成果名进行自动抽取。

（2）属性抽取

实体的属性抽取过程中，首先使用常用的程序语言，编写网页定向抓取工具。例如，抓取百度百科、维基百科等网站中人、机构、地区等相关方面的属性。对于研究方向、学科、领域等属性，则可采用《中华人民共和国学科分类与代码国家标准》进行数据规范；对于学位和学科/专业，则可依据《学位授予和人才培养学科目录》开展数据规范；对于职务、职称，则可依据《关于深化职称制度改革的意见》《关于在部分职称系列设置正高级职称有关问题的通知》等文件来构建职称体系。用户属性与样例如表4-2所示。

表 4-2 用户属性与样例

属性名称	含义	样例
sex	性别	男、女
professional title	职称	教授、副教授
position	职务	院长、校长
subject	学科/专业	应用化学
education	学位	学士、硕士、博士

（3）实体关系抽取

实体识别是实体关系抽取的前提，通过实体识别，进一步分析句子间的语法结构和语义关系，重点对主语、谓语、宾语进行识别，进而对实体关系进行抽取。例如，合著者之间通常以并列方式（COO）出现，用户承担项目通常会以主谓（SBV）句子结构或动宾（VOB）句子结构出现，通过分析不同语法关系，可构建相应的实体关系抽取规则，用户实体关系及样例如表 4-3 所示。

表 4-3 用户实体关系及样例

用户关系	语法关系	关键词样例	实体关系样例
work in（scholar, institution）	SBV, VOB	就职于、现任	〈用户1，西北工业大学〉
studied in（scholar, college）	SBV, VOB	攻读、学习	〈用户1，北京大学〉
cooperate with（scholar, scholar）	COO	和、及	〈用户1，用户2〉
visit（scholar, institution）	SBV, VOB, POB	参加、在……举行	〈用户1，新加坡国立大学〉
publish（scholar, paper）	SBV, VOB	发表	〈用户1，The International HapMap Project〉
is supported by（scholar, fund）	SBV, VOB	承担	〈用户1，何梁何利基金〉

续表

用户关系	语法关系	关键词样例	实体关系样例
invite（scholar，patent）	SBV，VOB	发明、发现	〈用户1，一种具有水溶性磷光发射的铱配合物的制备和应用〉
be entitled as（scholar，honor）	SBV，VOB	获、荣获	〈用户1，中国国家自然科学奖二等奖〉

4.2 数字图书馆用户多源特征融合研究

用户数据在结构形式上集成融合后，需要进一步进行特征融合，才能更好地反映用户的学术、行为等特性，如用户学术合作和用户文献偏好等。本部分设计融合模型，就用户学术合作和用户文献偏好特征进行融合，支撑用户数据的进一步利用。

4.2.1 用户学术合作融合模型

学术合作主要体现为论文与学术新闻中的人名，以及合作交流者所属的机构。$Papaer_{uv}$ 表示用户 u 和用户 v 合作发文数，$Papaer_u$ 表示用户 u 的发文总量；New_u 表示用户出现在学术新闻中的总次数，New_{uv} 代表用户 u 和用户 v 共同在同一新闻中出现的次数，$Relation_{uv}$ 为：

$$Relation_{uv} = a \times \frac{Paper_{uv}}{Paper_u} + b \times \frac{New_{uv}}{New_u}。 \qquad (4-1)$$

用三元组 $<Scholar, Institution, Institution>$ 表示用户学术合作，则用户 u 的学术合作融合模型为：

$$Cooperation_u = \{(Scholar_1, Institution_{Scholar1}, Relation_{u1}), (Scholar_2, Institution_{Scholar2}, Relation_{u2}), (Scholar_3, Institution_{Scholar3}, Institution_{Scholar3}), \cdots, (Scholar_i, Institution_{Scholari}, Institution_{Scholari})\}。 \qquad (4-2)$$

4.2.2 用户文献偏好融合模型

构建用户兴趣特征融合，可以从论文关键词、用户主页的研究方向、用户访问图书馆的日志数据得出用户的文献偏好兴趣。用户主页的研究方向基本上为用户或机构填写，因此，其权重相较于关键词应更大，但通常用户主页显示的研究方向仅为少数几个词，设置的权重应显著大于论文关键词；但用户主页可能存在不及时更新情况，因此，用户论文中的关键词与用户主页中的研究方向关键词需要相互补充，才能对用户文献偏好特征起到较为准确的描述作用。此外，根据用户日志，分析其中用户订购文献的学科和主题分布，对于分析用户文献偏好也具有重要作用。

学术成果兴趣标签主要来自用户学术论文等成果的关键词，关键词的权重为关键词出现的次数在用户发文关键词总数中的占比，故得出关键词兴趣特征权重：

$$Paper\omega_i = \frac{n_i}{N} 。 \quad (4-3)$$

计算用户主页研究方向在所有研究方向中的比重，作为研究方向兴趣特征权重：

$$Home\omega_i = \frac{n_i}{N} 。 \quad (4-4)$$

用户订购文献的学科/主题在所有订购文献的学科/主题中的比重，作为文献主题权重：

$$Order\omega_i = \frac{n_i}{N} 。 \quad (4-5)$$

用户 u 文献偏好特征指数可以表示为：

$$Interest_{\omega_i} = c \times Paper\omega_i + d \times Home\omega_i + e \times Order\omega_i 。 \quad (4-6)$$

则用户 u 的文献偏好模型为：

$$Interest_u = \{(\omega_1, Interest_{\omega_1}), (\omega_2, Interest_{\omega_2}), (\omega_3, Interest_{\omega_3}), \cdots, (\omega_i, Interest_{\omega_i})\} 。 \quad (4-7)$$

则用户学术影响力模型为：$Impact = \{Theoretical(P1, C, H1, M),$ $Practice(P2, F1, S1), Society(T, H2), Cooperation(S1, I)\}$。

4.2.3 用户学术影响力融合模型

从数字图书馆用户数据融合的角度出发，可以融合的学术信息包括论文专著、专利标准、人才头衔、基金项目、荣誉奖项等事实数据。本部分从理论研究能力、科研实践能力、社会认可度、学术合作、用户活跃度等维度对用户学术影响力数据进行融合，其指标和权重标准如表4-4所示。

表4-4 用户学术影响力指标

维度	指标	简称	权重标准	参数
理论研究能力（theoretical）	发文量	P1	核心期刊篇数	e1
			普通期刊篇数	e2
	被引量	C	ESI高被引论文数	f1
			被引总数	f2
	H指数	H1	H指数	g
	专著	M	专著数量	h
科研实践能力（practice）	专利发明	P2	专利数量	i
	基金项目	F1	基金项目数量	j
	标准	S1	标准数量	k
社会认可度（society）	人才头衔	T	院士、"长江学者"特聘教授	L1
			"万人计划"、国务院特殊津贴专家	L2
			杰出青年、"长江学者"青年学者	L3
	荣誉奖励	H2	国家科学技术奖（国家最高科学技术奖、国家自然科学奖、国家技术发明奖、国家科学技术进步奖、中华人民共和国国际科学技术合作奖）	m1
			全国优秀科技工作者	m2
			省级科学技术奖、省级奖项	m3

续表

维度	指标	简称	权重标准	参数
学术合作（cooperation）	合作者	S2	合作者数量	o
	合作机构	I	合作机构数量	p
用户活跃度（activity）	全文订单	L	全文订单数量	q
	访问图书馆网站频次	V	访问图书馆频次	r

第 5 章

数字图书馆用户画像标签体系构建

本章详细阐述用户标签构建过程，研究从用户数据到用户标签的构建方法流程。通过对数字图书馆用户数据的分析，设计数字图书馆用户标签体系及维度。依托前述章节设计的用户元数据框架，分析用户不同的属性特征来构成标签体系框架，并制定标签生成流程；分类对标签属性进行探讨，同时描述各标签的含义及规则；最后形成用户标签库，并设计标签库的存储结构及属性。

5.1 总体设计方法

5.1.1 构建标签类目体系

标签类目体系的结构类似于一棵树。树一般由根、枝干、叶等核心结构组成，在标签类目体系中，也有对应于根、枝干、叶的核心结构，即对象、类目和标签。叶和花都属于枝干延伸的末端组织分化，相互之间存在区别和联系。从标签标识的属性和特征看，标签可分为动态标签和静态标签两大类，相互之间也有区别和联系。

（1）动、静态标签的区别

动、静态标签的区别在于某一对象个体在该标签下的取值是否会经常变化。例如，对于"性别"标签，某一消费者个体在该标签下的取值判定为女/男后，一般就不太会发生变化，因此"性别"标签是静态标签；而对于"消费金额"这个标签，某一消费者个体在该标签下的取值存在经常变化的可能，因此"消费金额"是动态标签。

（2）动、静态标签的联系

其一，静态标签的取值可能会影响动态标签的取值。例如，静态标签"性别"取值为"女"，很可能会影响一些行为动作类标签取值，如"偏好服装风格""最常购买品类"等标签取值会有女性消费特征。

其二，由大量动态标签的取值可以推测和演算出静态标签的取值。例如，通过大量的浏览、收藏类标签取值可以反过来推测"性别"标签取值。

5.1.2　识别对象

构建标签类目体系并不急于设计标签，而是先研究对象，因为只有确定好对象，才算抓住了问题本质。

数字映射可以将现实世界中的一切事物归属为对象。对象分为"人""物""关系"三大类型。其中，"人"包括自然人、自然人群体、法人、法人群体等，如消费者、消费者协会、电商企业、电商企业联合会，是会主动发起行为的主体；"物"包括物品、物体、物品集合等，如商品、仓库等，是行为中的被施与对象；"关系"指的是人和物、人和人、物和物等在某时某刻发生的某种连接，包括行为关系、归属关系、思维关系等各种强、弱关系，如购物、运货、聊天、监管等。可以采用这种对象识别方法将现实世界中的一切事物、关系一一对应到相应的对象分类中。

3类对象有本质上的区别，具体如下：

① "人"往往具有主动性和智慧，能主动参与社会活动，发挥推动作用，往往是关系的发出者。

② "物"往往是被动的，包括原料、设备、建筑物、简单操作的工具或功能集合等，是关系的接收者。常规意义上的设备如果具有了充分的人工智能，能够自主思考、主动做出判断，变成真正意义上的机器仿真人，那么它就属于"人"这一类对象。"人"和"物"是实体类的对象，即看得见、摸得着的对象。

③ "关系"对象属于一种虚拟对象，是两两实体间的联系与连接。需要将"关系"提升为研究对象，对"关系"进行充分的属性刻画和研究。

5.1.3 同一对象数据关联

ID 是身份标识号码，可能为序列号或账号，是个体识别的唯一编码。不同的系统会对其系统成员颁发各自的 ID 编号。由于同一个对象在多个系统留存有按不同 ID 组织的信息记录，因此需要进行多种 ID 间的同一对象识别打通。

（1）ID-Mapping 技术

大数据领域的 ID-Mapping 技术就是用来解决某一对象多源数据打通问题的。输入两两 ID 关系对，采用机器学习算法进行概率匹配计算，构建 ID 关系网络。可以确立一个核心 ID，如 AID、ONEID、XID（业内各种叫法不一），作为某对象的唯一识别码，将其他 ID 信息通过 ID 关系网络与之关联匹配。

例如，用户会在 PC 端留有访问信息，PC 端的日志数据会按照 MAC、IP、cookie 等 ID 进行组织；在手机端留有的访问信息会按照 IDFA、MAC、IMEI 等 ID 进行组织；在 TV 端留有的访问信息会按照 IP、MAC、IMEI 等 ID 进行组织……

这些 ID 两两之间会天然留存有一定的映射关系。例如，某用户经常用某台 PC 浏览网页，因此他浏览网页产生的 cookie 与这台 PC 的 MAC 地址在日志数据中经常一起出现，存在关联。

（2）One-ID

各网站可以为用户制定一个统一的 ID，简称 One-ID。每个用户账号 ID 都可以唯一对应一个具体的 One-ID 编码。在某用户初期只访问网站但不注册登录时，系统会根据浏览器 cookie 直接生成一个 One-ID 编码。直到某一天，该用户注册或登录了自己的网站账号，他的 One-ID 就会和他的账号 ID 关联起来，同时这个 One-ID 仍然保留与 cookie 的连接。即便该用户下次以访客身份浏览网站（不登录账号），系统也会知道这个 cookie 所对应的 One-ID，可以将他的访客行为、账户行为统一归并到其名下。

该用户某天在手机端登录网站后，通过 Web 端访问日志可以获得他的手机设备信息（如手机 MAC、IDFA、IMEI）与账号 ID 的关联关系。通过账号 ID，可以找到与之对应的 One-ID。慢慢地，通过中转 ID（如网站账号 ID、邮箱地址、手机号等）可以将唯一 ID 与各网站账号 ID、各端设备 ID 串联在一起。通过唯一 ID 的连接，可以实现任何两个 ID 间的映射运算。例如，输入 cookie，可以得到与之关联概率最高的手机号码。

根据类型不同，ID 可以分为 4 种级别。

第一级别 ID：强身份属性的 ID，如身份证信息、护照编号、驾驶证编号、人脸 ID、指纹 ID、虹膜 ID 等，是真实社会中用来唯一识别个体的编号。这类 ID 往往与核心 ID 建立一一映射的关系对（例如，一个自然人只有一个身份证号码），通常来自 CRM 系统，是用户注册登记时主动填报的。

第二级别 ID：设备相关的 ID，如手机号、手机 IMEI、手机 IDFA、手机 MAC、PCMAC 等，它们和个体密切相关。当获取不到第一级别 ID 时，也常用第二级别 ID 来关联核心 ID，但可能会存在一个核心 ID 对应多个第二级别 ID 的非唯一映射情况（例如，一个自然人有多个手机号的情况）。

第三级别 ID：注册账号相关的 ID，如支付宝账号、淘宝账号、微信账号、水表账号、医保账号、游戏账号等，它们常常体现个体的社会化行为。管控严格的账号 ID 需要和第一级别 ID 或第二级别 ID 进行绑定映射，不做管控要求的账号会存在多个第三级别 ID 对应一个第一级别 ID 的情况。

第四级别 ID：临时记录相关的 ID，如 cookie、IP 地址、GPS 定位、操作行为等，这类 ID 是一种弱 ID，当没有更高级别 ID 可用时，也可以用它们来与核心 ID 建立临时关系。但这类 ID 会发生变化，且可能存在多个核心 ID 共用一个第四级别 ID 的混淆情况（例如，多人共用一台电脑，且刷新浏览器后 cookie 即发生更改）。不过最新技术显示，通过多种第四级别 ID 加上时空属性组成轨迹序列，如定位轨迹、操作轨迹，也可以高精度地定义某一个核心ID。

（3）ID与ID间的关联运算

通过用户注册、活动填写、用户主动关联账号、网页埋点、运营商网络记录、公司间合并收购等各种方式，可以积累多种ID之间的关联关系。设置One-ID的创建规则后，将One-ID与其他ID进行信息打通。随着One-ID连接的关联ID越来越多，ID之间的两两组合关系对数会增长得越来越快。例如，用户用同一个手机号（映射为One-ID）分别注册了A电商账号和B社交账号，那么存在手机号-A电商账号、手机号-B社交账号、A电商账号-B社交账号3种关系对；如果再增加C应用账号，则关系对变为6种；再增加D应用账号，关系对变为10种。除了各种类型ID之间有关联，同一对象下的任意两个ID之间也存在一定的关联概率。例如，同一个手机号可能被用来注册了多个A电商账号，在ID关联表中就会存在类似于"138****1234-A电商ID1234，90%"和"138****1234-A电商ID1086，10%"的两条映射记录，表示138****1234这个手机号与A电商ID1234账号的关联概率为90%，与A电商ID1086账号的关联概率为10%。

关联概率的高低代表这两个ID之间关系匹配的强弱。这种关系对的分布是网状结构，随着ID类型的增多，关系对数的增长会非常快速。对象数量和账号ID数量都会严重影响ID-Mapping的计算量和计算复杂度，因此计算逻辑及收敛规则的设置显得尤为重要。在对象数据量特别庞大（上亿级）、账号ID类型又非常多、存储计算集群难以保障时效的情况下，算法需要从实际出发，降低弱关系或边缘关系的计算权重，保障核心关系对的有效运算。

5.1.4　数据化的事物表达

数据思维要求我们将现实世界进行快速的数据映射：将所有事物映射为"人""物""关系"3类，系统性地梳理各对象全维度属性，各属性下有具体属性值。

（1）"人"的标签类目设计思路

构建"人"的标签类目时，一级类目可以从以下维度考虑：首先是较为静态、固定的基本属性，包括人的统计学信息、档案信息、生理信息、教育信息、工作信息、常住地信息等；在基本属性之上，考虑较为动态、场景化的行为关系，包括人的各行为内容、在行为中发生的关系；在行为之上，考虑基于行为关系提炼出的兴趣习惯，包括兴趣爱好、行为习惯等；在兴趣习惯上，可以再深度挖掘出人的性格特征；在性格之上，可以再抽象人的思维意识。

（2）"物"的标签类目设计思路

构建"物"的标签类目时，一级类目可以从以下维度考虑。

① 考虑静态、固定的基本属性，包括物的基本信息、品类归属、颜色图案、包装存储、尺码重楹、成分组成等；

② 在基本属性之上，考虑物的功能效用，包括物的功能作用、包含服务、使用方法、效用周期等；

③ 在功能效用之后，更多考虑主从属性，包括从属关系、生产制造、经营销售、发布维护等；

④ 在前几类静态信息之后，考虑较为动态的被动关系，包括物被使用过程中的各种关系，可以从被浏览、被收藏、被购买、被运输、被评价、被投诉等流程方面扩展；

⑤ 从关系条件、关系行为、关系结果等前后发展过程方面扩展；

⑥ 根据各种类型的被动关系拆分，如被家庭使用、被工作使用、被娱乐使用等；

⑦ 汇总并深度进行物的价值评估，包括物的质量、服务、性价比、安全性、适用性、扩展性、市场占比、竞争排名、认证授权等各种维度。

（3）"关系"的标签类目设计思路

构建"关系"的标签类目时，一级类目可以从以下维度考虑。

① 梳理该"关系"所涉及的关系人、关系物标签。与前文提到的"人"或"物"的标签不同，"关系"对象下的关系人或关系物是对关系的属性描述，只涉及在这个关系中所表现出的人/物属性。［关系人］或［关系物］是"关系"

对象下属类目。而前文梳理的"人""物"标签类目则是"人""物"对象下所有属性标签的合集,"人"和"物"是对象。

② 从"关系"的准备层面思考,包括这个"关系"触发的契机、机制、准备条件等;继而从"关系"实际发生过程层面思考,包括"关系"发生的时间、地点、天气、途径、渠道等时空条件,以及"关系"发生的参与方、参与物、步骤、频率、程度、强弱、连接等过程行为;最后可以从"关系"的结果层面思考,包括流程性的直接结果、各环节链路的转化、综合效果评估、拆分各因素端效果评估、优化推荐等各种维度(图5-1)。

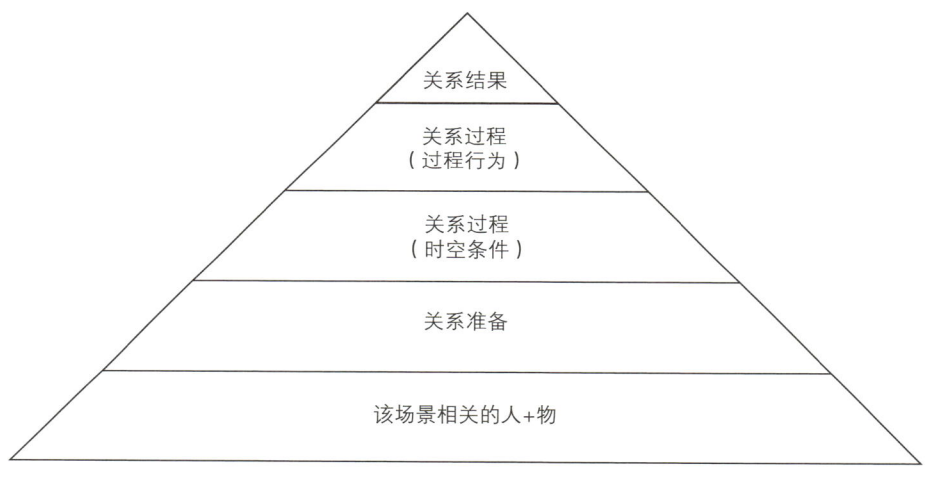

图5-1 "关系"标签类目设计思路

一级类目构建好后,可以参考"人"的标签体系构建思路扩展二级、三级类目,再在各个叶子类目下放入详细标签。

以某图书馆的用户文献订购记录(关系)标签类目为例,主要构建过程如下。

首先,梳理出"文献订购记录"发生的用户属性,这是一类描述某次文献订购记录中用户属性的标签集合,这类标签集合的类目名可以是[用户],注意此时的[用户]不是对象,需要理解后区分。"用户ID""用户姓名""用户图书馆卡号"等订购记录中会记录的标签可以挂在［用户］这个类目下。

其次，梳理出"文献订购记录"发生的文献属性，这是一类描述某次文献订购记录中文献属性的标签集合，这类标签集合的类目名可以是［文献］，注意此时的［文献］不是对象。"文献ID""文献名称""文献类型"等订购记录中会记录的标签可以挂在［文献］这个类目下。

最后，梳理出"文献订购记录"发生的关系过程：订购发生前的信息，包括触发订购需要达到的"满足条件"（或"触发机制"）和"订购来源"等标签；订购发生中的时空属性，包括"订购时间""订购地点""订购环境"等标签；订购发生中的过程行为，包括"文献类型""订购金额""订购方式""订购渠道"等标签；订购的结果跟踪，包括"是否收到""退款金额""是否评价""评价倾向"等标签。

（4）各对象类目汇总

把"人""机构"的标签类目、"文献"的标签类目、"关系"的标签类目汇总后，可以得到图书馆完整的标签类目结构图。

以图书馆的数据资产建设为例。汇总后的标签类目包含"图书馆"（机构）"馆员"（人）、"用户"（人）、"平台"（物）、"文献"（物）、"订购记录"（关系）、"馆藏记录"（关系）、"检索记录"（关系）、"订购趋势"（关系）等的标签类目。"人"和"物"标签类目体系中的标签除"人"和"物"基本属性信息外，也包括从各种关系中转化而来的标签。关系的标签类目体系包括从业务流程抽象出的流程关系，如"订购记录"（关系）等；也包括创新的数据应用或数据业务所涵盖的新关系，如"订购趋势"（关系）。

5.2 用户标签构建方式分析

5.2.1 用户标签类型分析

用户元数据中，学历、机构、性别、发文关键词等数据通常采用短文本形式的自然语言进行描述和表达，是很好的标签，无须进一步形成标签，元数据值即为标签值。但单个的事实标签通常只反映了用户某一方面的特征，很多用户特征需要不同数据的相互作用和相互关联，才能体现用户更加丰富的特点，如表征用户文献主题偏好特征，就需要结合用户发文关键词、研究方向、用户获取文献数量、学科及其权重，才能体现完整的兴趣特征。采用单个关键词的描述方式往往比较片面，因此需要基于用户属性构建标签模型。此外，事实标签还具有零散、不规则的特点，部分特征需要通过构建规则计算判断产生，如合作广度、发文量等。因此需要设计规则，构建预测标签来对用户属性进行概括。

用户标签包括了标签类型、标签来源、获取方法、作用和形式5个部分，如表5-1所示。标签类型分为事实标签、标签模型和预测标签3类，事实标签来源于相应的用户元数据，通过对元数据的识别、抽取，对用户的特征属性进行描述；标签模型是将一系列近似属性的用户标签进行关联形成的，为用户画像提供数据支持的同时，有利于反映相似的用户特征；预测标签的赋值是在制定规则的基础上，通过对用户元数据和标签模型进行计算后得到的，能够表达用户判断性的特征。事实标签、标签模型和预测标签共同构成了用户标签体系。

表5-1　用户标签类型分析

标签类型	标签来源	获取方法	作用	形式
事实标签	用户元数据	信息抽取、统计分析	描述属性值	$\langle tag, value \rangle$
标签模型	事实标签	模型构建	用户画像、信息提取	$Model = \langle tag_1, tag_2, \cdots, tag_n \rangle$
预测标签	用户元数据、标签模型	规则计算	深层属性挖掘	$\langle tag \rangle$

5.2.2 用户标签生成流程

用户标签的生成实质就是根据用户数据对用户打上不同的特征标签，主要包括统计类标签、规则类标签和挖掘类标签。

统计类标签，也称为事实标签，其生成方式主要是对用户的原始数据进行统计分析，得出如机构、职务、职称、性别、出生年份等事实标签，同时也是用户标签体系的基础。用户相关统计类标签可以包括文献订购量、被引量、发文量等，通过对原始数据的统计，可得到事实标签，其通常以数值型或文本型为主，主要包括用户年龄、所属机构、性别等。这些标签大多可以直接从数字图书馆结构化用户注册数据中得到，也能从用户个人主页和学术新闻动态中采用信息抽取方法获得。

基于事实标签，通过建模分析，构建标签模型，这类标签构成了规则类标签。针对不同的用户属性，设置相应规则，通过计算统计，生成判断性的标签。例如，根据用户出生年份，计算出用户年龄，同时制定"40岁以下的用户为青年用户"的规则，则为1986年出生的用户，打上"青年"标签。

挖掘类标签，即预测标签，则通过建立预测模型，更加深入地挖掘用户属性。例如，通过机器学习的方法，以及对用户发文关键词、用户使用文献行为的聚类与建模分析，分析用户学科主题研究的发展趋势，得出用户学科涉猎范围，属于"交叉学科"或"单一学科"，为用户打上相应标签，或者根据用户文献订购行为中的风险行为（如批量集中申请等），为用户打上"高风险""低风险"等不同等级标签。

从上述分析可知，后续类型的标签基于前序标签，通过计算得到。数字图书馆的标签体系主要反映用户的学术和对文献使用的实际情况，因此较多的需求是生成统计类标签，并根据设定的相应规则，来生成反映用户属性的规则类标签。此外，再通过模型预测，来生成少量挖掘类标签，从而实现原始数据—统计类标签—规则类标签—挖掘类标签的流程，如图5-2所示。

图 5-2 用户标签生成流程

5.3 用户标签体系框架设计

元数据框架是对用户数据的梳理,与元数据相比,标签的表达形式更加泛化和生动。用户元数据框架描述了用户相关信息,其中包含的原始数据,并不需要作为标签。例如,手机号码等用户属性主要用于用户消歧和用户标识,并不需要进一步的标签描述和细分维度;关键词等基本信息则经过进一步的统计、聚类,可突出反映用户的学术特征。将客观元数据标记为更易理解和形象标识的标签,需要构建一套用户标签体系。基于用户元数据框架和用户属性特征设计的用户标签体系框架,如图 5-3 所示。

第 5 章
数字图书馆用户画像标签体系构建

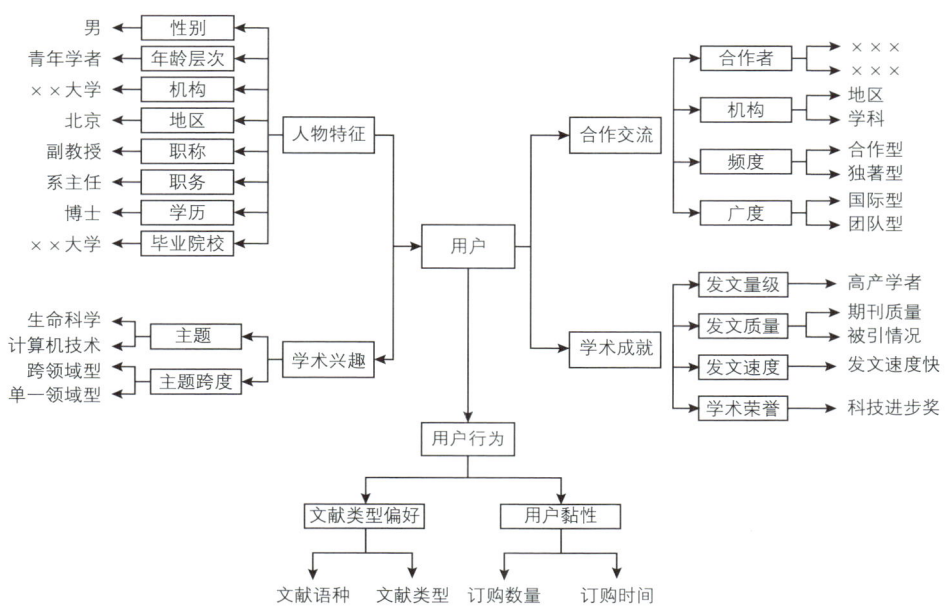

图 5-3　数字图书馆用户标签体系框架

根据前述用户元数据框架与特征框架,构建形成包括两个级别的用户标签体系,如表 5-2 所示。其中,用户标签体系的二级标签能够与用户元数据框架直接映射;一级标签和标签维度可以作为子元素来构建不同的标签模型。例如,人物特征模型可以表示成 $Character = <Scholar, Sex, Birthyear, Birthplace, Institution, Professional, Position, Degree, Major, College>$;挖掘类标签则可根据制定的规则,以用户数据即事实标签和标签模型为基础来赋值。

65

表 5-2 用户标签体系

标签维度	一级标签	二级标签（事实标签）	数据来源
人物特征	人口属性	性别	个人主页
		出生年份	个人主页
		出生地	个人主页
	职业属性	所在机构	文献数据库/个人主页
		职称	文献数据库/个人主页
		职务	文献数据库/个人主页
	学历属性	学位	文献数据库/个人主页
		专业	文献数据库/个人主页
		毕业院校	文献数据库/个人主页
学术影响力	社会认可度	荣誉称号	个人主页/学术新闻
		学术奖励	个人主页/学术新闻
	科研实践能力	专利发明数量	文献数据库
		项目基金数量	文献数据库
	理论研究能力	论文数量	文献数据库
		专著数量	文献数据库
		被引量	文献数据库
		H 指数	文献数据库
交流合作	交流广度	合作者	文献数据库/学术新闻
		合作机构	文献数据库/学术新闻
学术兴趣	研究领域	研究方向	个人主页/学术新闻
		关键词	个人主页/学术新闻
		学科分布	日志数据库

续表

标签维度	一级标签	二级标签（事实标签）	数据来源
用户行为	用户黏性	订购时间分布	日志数据库
		订购数量	日志数据库
	文献类型偏好	订购最多文献语种	日志数据库
		订购最多文献类型	日志数据库

5.4 用户标签属性分析

标签也含有自己的属性，如标签名称、产生方式、是否互斥等。本部分根据不同的标签类型，对标签属性进行分析，对用户标签名称、存储格式等方面进行一一论述。

5.4.1 用户事实标签

事实标签通过预设规则，直接从结构化、半结构化和自由文本数据中抽取，不需要进行详细的计算。以下分别对各类型事实标签进行说明。

（1）数值型事实标签

数值型事实标签以具体数值方式来呈现，如下载数量、被引数量、发文数量等，是通过对相关属性数据的统计和计算而得到的数值。数值型事实标签通常随着时间而发生变化，具有明显动态特性，在使用时，需要及时更新数据，获取最新标签状态。

（2）文本型事实标签

文本型事实标签数据中直接包含了对用户某一特征或属性事实型的描述，如机构、职称、学历等。这类标签大部分能够进行枚举，可以从已有的制度规定等文件、操作规范指南等中获取，因此可以预先建立部分该类标签，以便于用户标签的规范表达。而关键词、合作者等文本型事实标签具有随机性，无法在获取用户数据前来枚举，因此这类文本型事实标签的生成需要结合用户实际数据。本部分对能够通过枚举方式预设的文本型事实标签进行如下分析。

① 性别标签。包括"男""女",相互为互斥关系。

② 学位标签。用户学位包含"学士""硕士"和"博士"3种类型,通常对用户的最高学位进行标记,学位标签的优先级为:博士＞硕士＞学士。

③ 职称标签。一般来说,用户集中于高校、科研院所、大型企业等企事业单位。因此,用户职称标签可以直接采用职称名,可根据《关于在部分职称系列设置正高级职称有关问题的通知》等类似文件,对标签信息进行规范。在用户职称优先级方面,可将用户职称数据中最高层级的职称作为当前职称标签,并且不同层级标签具有互斥关系。

④ 职务标签。用户的职务能反映出用户的学术背景和特征。对不同系统的用户职务标签表进行调研汇总。

⑤ 其他称谓标签。除职称、职务之外,用户也常出现其他称谓,且与其学术特征高度相关。

⑥ 机构标签。机构标签主要应用于用户毕业院校、任职机构中,如用户学习机构通常集中在高校、科研机构,因此可以通过教育部等官方网站获取高校名单,从而识别出高等院校名称。

⑦ 学科标签。学术文献数据库大多具有学科分类,根据用户发表论文或用户关注论文,可以为用户生成学科标签。以北京万方数据股份有限公司的中国学术期刊数据库为例,学科分为两个层级,第一层分别有基础科学、工业技术、农业科学、医疗卫生、哲学政法、社会科学、科教文艺和经济财政八大类,并在第一层的基础上,又划分为哲学、逻辑伦理等第二层级学科。数字图书馆可根据不同学术文献数据库的学科分类及用户发文与文献偏好等行为,对用户打上学科标签。

⑧ 关键词标签。用户发文的关键词能够反映出用户的研究方向。关键词具有概括性强的特点,能够较好地反映用户学术兴趣,可以作为用户标签。但由于关键词较为灵活,且数量较多,不宜作为预设标签,可将其直接作为关键词标签。

5.4.2 用户预测标签

预测标签是通过综合性的模型算法计算得到的预测性的用户特征，可以通过数据挖掘，对标签进行深度分析。

用户数据在结构上融合完成后，需要针对部分特定数据进一步建模计算，才能反映用户更加广泛的特质，如用户的学术合作和用户研究兴趣特征。本书针对用户学术合作和用户研究兴趣进行特征融合，支撑用户画像的构建。

规则类标签是在事实标签的基础上，通过定义相关的计算规则和阈值，再将计算结果与阈值和规则进行比较后赋值。例如，根据设定规则，若"论文被引量＞阈值"，则可以赋为"高被引"标签，通常不需要设置相反的对应规则，若"论文被引量＜阈值"，则赋为"低被引"标签。本章构建数字图书馆用户标签体系，因此本章用户规则类标签主要聚焦于对用户学术特征和用户个人特征的标识，制定的规则类标签包括"发文质量高""青年用户""发文速度快""高发文""高被引"等。

学术成就需要长时间的学术研究和积累，所以从年龄角度对用户进行判断，并赋予标签，显得尤为重要。根据世界卫生组织的标准：青年人的年龄为44岁以下，中年人为45~59岁，年轻老年人为60~74岁，老年人为75~89岁。从人才方面看，根据2024年教育部青年长江学者申请条件可知，自然科学、工程技术领域人选年龄不超过38周岁（1986年1月1日后出生），人文社会科学领域不超过45周岁（1979年1月1日后出生）。综上，"青年"的年龄阈值应设在35~48岁，并根据新情况和定义不断调整。此外，研究成果的产出量和速度与学科特点紧密相关，因此，规则和阈值要根据学科的发展特点和规律来确定。例如，"青年"标签的阈值和规则为：若某用户年龄为n，年龄阈值上限为a，且$n \leq a$，则将该用户标记为"青年"。

又以高发文用户标签为例，根据布拉德福德定律与"二八"定律，通过计算作者发文量的占比，来揭示用户在论文发表方面的特征。假设某用户在特定时间段内某学科内的发文量排名为r，而该时间段内对应学科的论文作者总数为N，设置阈值k（$k<1$），若

$$k > \frac{r}{N}, \tag{5-1}$$

则可将该用户标记为"高发文用户"。

以高被引作者用户标签为例，根据 Clarivate Analytics 公司对高被引作者定义，其以 ESI 的 22 个学科分类为划分标准，每个类别中被引量排名进入当前学科 1% 的作者为高被引作者。参照此思想，高被引作者用户标签可根据实际情况设置阈值 $k\%$，即排名进入前 $k\%$ 的作者为高被引作者用户。假设某时间段内某学科作者总数为 w，设置高被引阈值为 $k\%$，某用户作者的被引量排名为 n，若

$$n < w \times k\%, \tag{5-2}$$

则可将该用户标记为"高被引作者用户"。

以理论型用户或应用型用户为例，还可对用户成果类型进行简单统计划分，可考虑将发表论文、专著较多（如超过同领域内平均值）的用户标记为理论型，而将专利、研发项目数量较多（如超过同领域内平均值）的用户标记为应用型。

5.5 用户标签库设计

通过短文本标签与用户元数据的关联，从定量描述转变为定性描述，对用户标签的属性进行分析，构建一个较为完备的用户标签库，能够有助于采用精确的短语来描述用户，如果缺少标签，计算出的结果仅将用户特征体现为具体数字，失去了标签明确、易懂的优势。例如，经过计算，某用户发文总量为 200 篇，若没有赋予"高发文用户"标签，则难以对该用户的特点进行生动和明确的描述和揭示。

标签同时还具有动态性。例如，用户的科研兴趣等标签会随着学科发展而不断调整，新的标签将会增加，旧的标签可能会被剔除。因此，本部分将标签分为预设标签和即时标签两类。由于研究方向、机构等标签数量较多，同时变化也较大，因此不预设此类标签，通过对用户数据的计算后，来即时生成。另外，由于一些标签相对固定，如由"男""女"枚举常量构成的性别

标签、由"学士""硕士""博士"枚举常量构成的学位标签等，这些预设标签是用户标签库的重要组成。

对标签属性字段进行分析，如表 5–3 所示。事实标签描述用户属于何种类别，如性别标签中的"男"或"女"、学位标签中的"学士""硕士""博士"等；规则类标签用于描述用户某个属性的数量，如被引、发文等数量，一般采用数字的形式。开发方式可分为统计型开发和算法型开发。事实标签和规则类标签都使用统计型的开发方式，通过对数据进行计算就可以开发新的标签，算法型标签需要使用机器学习的算法进行开发。

表 5–3 用户标签属性字段表达

标签主题	标签类型	开发方式	互斥性	隐性与显性
A：人物特征 B：学术兴趣 C：交流合作 D：学术成就	1：事实 2：规则	1：统计型 2：算法型	1：互斥关系 2：非互斥关系	1：隐性 2：显性

对标签 ID 进行设计，采用字母自然顺序来生成标签 ID。例如，若性别标签为"男"，则为其生成标签 ID "A1212100_01"，"A"表示当前的标签属于人物特征标签；第一个"1""2"分别表示"标签类型"和"开发方式"，第二个"1""2"分别表示"互斥性"和"隐性与显性"，即"男"标签属于分类标签，通过统计计算获得，与标签"女"互斥，同时该标签还是可以展示的标签；一级标签编码为"1"，即"性别"，二级标签编码为"00"；"01"为标签顺序号。采用上述编码原则，标签 ID 包含了标签类型、隐性与显性、互斥性、开发方式，以及标签主题、一级标签、二级标签等关键信息，通过标签 ID 即可获取相应的管理信息。

标签的存储与使用需要构建标签数据库进行管理，根据标签特征设计数据库的存储结构，共包括序号、标签 ID、标签名称、标签主题、一级标签 ID、一级标签、二级标签 ID、二级标签、标签类型、开发方式、互斥性、隐性与显性、更新频次等。用户标签及属性字段如附录 3 所示。

本部分略去了部分与地区、职称、职务相关的标签，共构建了 114 个标签（部分结果见附录），形成标签集，支撑当用户元数据满足规则时为用户打上相应标签。

5.6 基于数字图书馆多源用户数据融合画像示例

根据任务特点、用户数据与标签匹配效果、标签丰富程度等因素，选取化学和计算机科学两个学科具有代表性的用户进行展示。本书选取 ×× 大学 ×× 为代表，通过可视化的方式展示数据融合效果。以 WOS 数据库中文献元数据、百度百科、×× 大学用户个人主页文本数据及学术新闻作为数据来源，根据前文设计的标签生成流程和标签生成规则匹配对应标签。根据获取的用户数据为设计的规则设置适当参数，并对标签权重进行设置，进行多源用户数据融合示例验证。

5.6.1 数据处理

以上文所设计的数据融合框架与流程为基础，对其相关数据进行融合。在 WOS 数据库中通过"作者标识号＝0000–0001–7004–6408"进行检索，通过去重合并，共获得文献数据 1775 条。通过搜索引擎检索相关个人主页、学术新闻，经过去重、优选，获得个人主页 9 条、高度相关学术新闻 150 篇。

对于半结构化的用户数据，本书根据其特征设置数据提取规则。以百度百科人物基本信息表为例，抽取用户中文名、出生日期和毕业院校，根据 HTML 源代码使用正则表达式规则：

$*'<dt\ class="basicInfo\text{-}item\ name">中文名</dt><dd\ class="basicInfo\text{-}item\ value">'(*)'</dd>'*'<dt\ class="basicInfo\text{-}item\ name">出生日期</dt><dd\ class="basicInfo\text{-}item\ value">'(\backslash\backslash d\{4\}[年\ \backslash\text{-}\backslash.]\backslash d\{1\text{-}12\}[月\ \backslash\text{-}\backslash.]\backslash d\{1\text{-}31\}日?)'</dd>'*'<dt\ class="basicInfo\text{-}item\ name">毕业院校</dt><dd\ class="basicInfo\text{-}item\ value">(*)</dd>'\$$

"*"用来表示跳过所有的字符直到碰到接下来表达式中的字符串，在这个例子中，系统会跳过所有字符串直到碰到"name"。引号之间是严格匹配的

字符串内容，若括号不在引号内，则括号内的内容为提取内容。如果一个句子或一串词组匹配结束，则一个实例被建立。

对于文本类的用户数据，本书采用哈尔滨工业大学开发的LTP[54]平台进行信息识别与抽取，并提供自定义词典接口进行依存句法处理。

5.6.2 规则类标签参数设置

合作型标签权重设置。由于化学与计算机科学高被引作者用户收录在WOS数据库中的文献皆为合作论文，故设置规则为单篇文献合作人数大于3位的为合作型文献。参照德雷塞尔大学图书馆与情报学院Suramanyam的研究区分合作类型，设计公式：

$$DC = 1 - \frac{f_3}{N}。 \quad (5-3)$$

式中，f_3 为作者数量小于等于3的文献数量；N 表示文献数量。当 DC 大于0.5时，为用户打上合作型标签；若 DC 小于0.1时，为用户打上团体型标签。

国际型标签权重设置。化学和计算机科学与国际合作文献众多，为拥有超过半数的国际合作文献用户打上国际型标签，设计公式：

$$IN = \frac{H_1}{N}。 \quad (5-4)$$

式中，H_1 表示合作机构来自国外的文献；N 表示文献数量。当 IN 大于0.5时，为用户打上国际型标签。

跨领域型标签权重设置。设置跨领域型标签规则，设计公式：

$$SU = \frac{k}{K}。 \quad (5-5)$$

式中，k 表示作者发文文献分布领域数量；K 表示领域总数。当 SU 大于0.1时，为跨领域型用户。

5.6.3 标签权重设置

根据标签匹配的次数与设置的参数，得出标签权重，反映标签特征占比。事实标签客观反映用户属性，故将参数设为基本比率0.2，设置事实标签权重公式：

$$\omega_i = 0.2 \times n_i。 \tag{5-6}$$

规则类标签通常由多个数据推导而成,是对用户判断性的描述,数量少却包含了大量的学术信息和更深层次的用户描述,因此,赋予规则类标签更高的权重,以更加突出用户特征。故设置规则类标签权重公式:

$$\omega_i = 0.5 \times n_i。 \tag{5-7}$$

学术兴趣标签主要来自用户学术成果的关键词,考虑到高被引作者用户发文数量众多,获取的关键词数据体量较大,故设置学术兴趣标签权重公式:

$$\omega_i = \frac{n_i}{N}, \tag{5-8}$$

式中,n_i 表示标签出现的次数;N 表示用户匹配的学术兴趣标签总数。

5.6.4 标签关联与存储

不同用户、不同标签的匹配程度不同,也有不同权重。经过设计的标签规则和数据计算,得出不同用户标签权重,需要将用户匹配的标签、对应的权重进行关联和存储。构建用户标签–权重表,实现用户与标签的关联(表5-4)。

表 5-4 用户标签–权重

标签 ID	标签名称	权重
B2200101_01	跨领域型	0.5

5.6.5 标签画像构建

为了更好地展示用户标签体系,运用可视化工具对生成的用户标签体系进行可视化展示。本书采用可视化工具 Tagul,将所得到的标签与数值导入 Tagul 中,依据标签的权重设置标签的大小。Tagul 能够批量导入结构化的文本和数值,并且能累加重复标签值,按照赋予的权重自动生成可视化的标签云。

为了更好地展示用户标签，经过多次试验，设定标签可视化生成公式：

$$Size = 15 \times \frac{标签 a 权重}{所有标签权重之和}。 \quad (5-9)$$

根据用户匹配标签的权重与可视化生成公式，生成用户个人标签画像和群体标签画像，进行实证研究的可视化展示。

（1）用户个人标签画像

根据 3.3 中设计的用户特征属性框架，构建某院士用户基本信息画像，如图 5-4 所示。

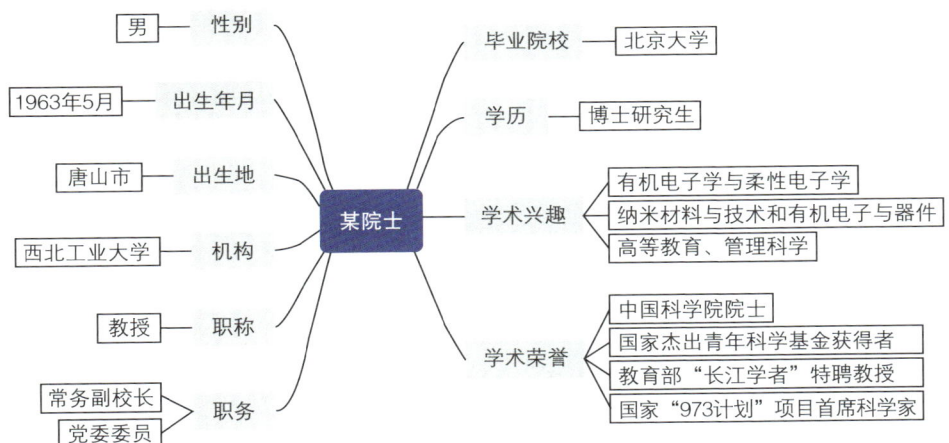

图 5-4 用户基本信息画像示例

用户学术影响力特征、用户文献主题偏好特征与用户学术合作特征运用 Echarts 和 Tagul 工具进行可视化展示。经过多次测试，用户参数的权重设置如表 5-5 所示。

表 5-5 用户数据融合参数设置

参数	值	参数	值	参数	值	参数	值
a	0.1	f_1	0.05	k	0.5	m_3	0.3
b	0.3	f_2	0.01	l_1	1.0	o	0.01
c	0.05	g	0.5	l_2	0.8	p	0.02
d	0.3	h	0.5	l_3	0.5	q	0.2
e_1	0.3	i	0.5	m_1	0.8	r	0.2
e_2	0.1	j	0.5	m_2	0.5		

根据 4.2.1 用户学术合作融合模型，使用 Echarts 绘制学术合作特征关系图（图 5-5），展示用户与其他学者用户、机构之间的合作关系；根据 4.2.2 用户文献偏好融合模型，绘制学术兴趣云图（图 5-6）。

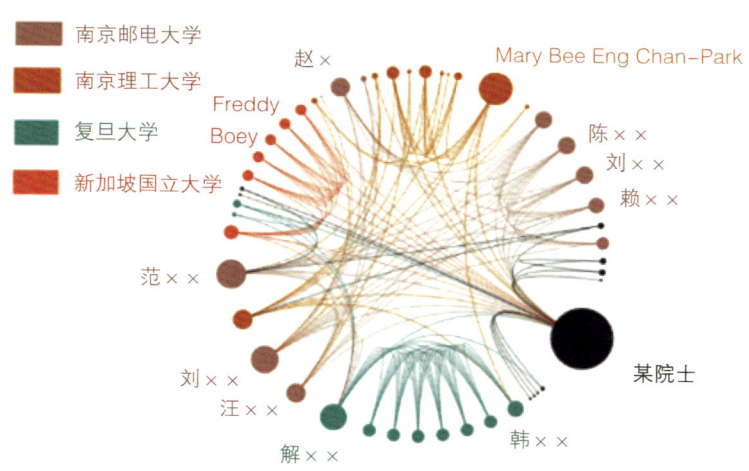

图 5-5 用户学术合作融合示例

图 5-6　用户文献偏好融合示例

为了进行比较，选取某院士用户的密切合作者某教授的相关数据进行指标计算后，生成雷达图，如图 5-7 所示。根据 4.2.3 中的用户学术影响力融合模型计算得到其学术影响力。

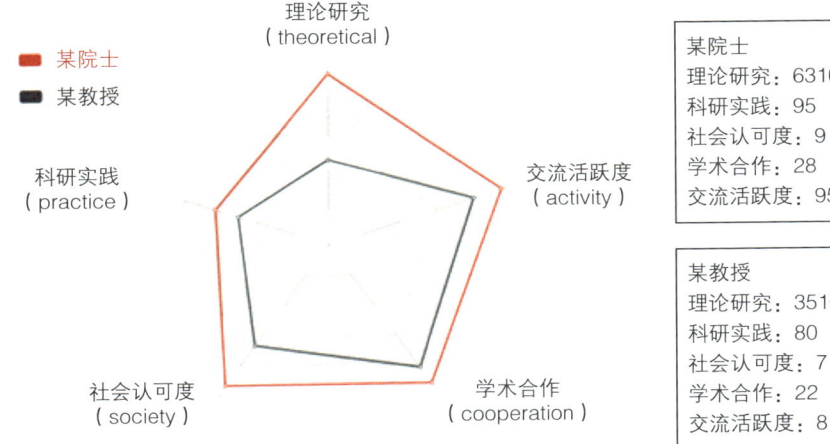

图 5-7　用户学术影响力融合示例

（2）用户群体标签画像

根据用户数据进行聚类，生成用户群体标签画像，反映化学与计算机科学两个学科用户的不同特点。

化学学科高被引作者用户群体画像如图5-8所示。物理、材料科学是与化学关联最紧密的学科，很大一部分化学领域高被引作者用户对物理、材料科学等领域产生学术兴趣。化学学科高被引作者用户具有国际型、团队型、跨领域型、合作型等特点。

图5-8　化学学科高被引作者用户群体画像

计算机科学学科高被引作者用户群体画像如图5-9所示。可以看出，计算机科学与数学关系密切，许多作者用户毕业于数学系；一部分用户获得过国家自然科学奖，计算机科学高被引作者用户涉及的研究领域众多，且合作相当广泛。

图 5-9 计算机科学学科高被引作者用户群体画像

第 6 章

数字图书馆用户画像数据处理及更新

数字图书馆的用户画像构建需要对多来源的数据进行集成并保证更新,其中最重要的数据处理内容就是对数字图书馆日志数据的处理。日志数据与传统的存储在关系数据库中的结构化数据完全不同。日志文件通常是非结构化的文本文件,日志文件中的记录数量庞大,同时具有冗余度高、格式杂乱、完整度不高的特点。如果直接对日志文件数据进行分析和画像,一方面效率不高;另一方面结果往往与现实不符。因此,为了确保日志数据挖掘的效率,必须对日志数据进行治理,从日志数据中提取识别出重要信息,并将其转化为易于被数据挖掘算法自动处理的数据格式。用户画像数据预处理通常包括用户识别、会话识别、路径补充和事务识别等环节。

6.1 数据清洗

数据清洗就是剔除掉冗余、错误、与分析挖掘不相关的数据。首先，将分布式保存的用户日志数据文件集中采集或收割到日志集中处理的服务器上。其次，对日志数据文件中的字段进行解析。一般而言，日志文件包含了访问的时间、IP 地址、用户 ID、Request 方法、传输协议、错误代码、URL、排序、点击次序等内容。用户访问目标网站的过程中，将在浏览器中留下很多用户信息，这些信息也将被保存在日志文件中，如图片、视频、广告文本和链接等，但这些信息往往与日志数据挖掘无关，可以简单通过对 URL 的判断来剔除。

具体可以按照以下 3 个方面进行操作。

① 文件扩展名识别：通常日志数据文件中的 HTML 源文件代码与挖掘分析无关，因此可根据 URL 字符串后缀识别出无关内容后剔除。例如，后缀名是 jpg、gif、css、map、js 等的数据可以剔除。

② 请求方法识别：请求方法包括 GET 和 POST 两种，数据分析通常关注的是 GET 方法的请求，因此 POST 方法对应的字符串数据可以剔除。

③ 状态码识别：状态码辅助判断被请求的网页是否能成功打开，其中 100~199 保留未使用，200~299 表示用户请求的网页成功打开，300~399 表示目标网页或文件已经被移动到新地址，但新地址往往包含在相关的头信息中，400~499 表示客户端的错误提示代码，500~599 表示服务器端的错误提示代码。

6.2 用户识别

用户识别环节的主要任务是从海量用户中识别出访问了目标网站的个体用户，这对于构建用户画像至关重要。只有对个体用户进行识别，才可能针对各用户属性从不同维度对众多的相似性用户进行画像。

当前，由于防火墙、代理服务器、本地缓存等技术的广泛使用，用户识别变得日益困难。现阶段主要采用 IP 代理、用户注册、cookie、修改浏览器缓存等方法来识别用户，具体如表 6-1 所示。

表 6-1 用户识别常用方法对比

识别方法	说明	保密程度	优点	缺点
IP 代理	每个 IP 地址对应一个用户	低	技术门槛低，容易实现	不能明确两者之间的对应关系
用户注册	使用用户名和密码登录	中	容易实现对每个登录用户的确认	相当比例的用户不愿意注册或登录
cookie	在用户设备端保存标识文件	较高	用户重复访问时，便于获取信息	需要用户使用 cookie 选项
修改浏览器缓存	使用浏览器记录下用户访问数据	很高	可以得到用户所有的访问信息	用户须同意并修改

6.3 会话识别

会话识别通过解析每个用户在特定时间段内的访问序列，可产生该用户的一系列会话集合，同时构成该用户在该特定时间段内连续访问的 Web 网页集。一般用户会话命名为 Session，定义如下：

$$Session_i = < S_i, T_s, T_e, [(URL_{i1}, t_{i1}), (URL_{i2}, t_{i2}), \cdots, (URL_{ij}, t_{ij})]。 \quad (6-1)$$

式中，$0 < i < n$，n 表示会话总数；S_i 表示第 i 个会话；T_s、T_e 分别表示当前会话的起始及结束时间；URL_{ij} 表示第 j 次访问该 URL 对应的网页；t_{ij} 表示第 j 次访问对应的时间。对于访问超时的情况，通常采取以下两种方法来进行处理。一种是设置用户整个访问时间的阈值 T，满足

$$t_{ij} - t_{i1} \leqslant T, \quad (6-2)$$

另一种是设置用户访问相邻 URL 对应 Web 页面的时间阈值 T，同时满足条件：

$$t_{ik} - t_{ik-1} \leqslant T(1 < k < j)。 \quad (6-3)$$

如果两次相邻访问相隔超过阈值 T 规定的时间，那么就判断为两次会话。由于用户在同一天可能会与目标网站进行多次交互，为了区分用户的会话，可以通过上述方法对用户会话进行识别，根据用户访问页面的时间，将用户访问日志解析为一系列会话集合。算法流程如图 6-1 所示。

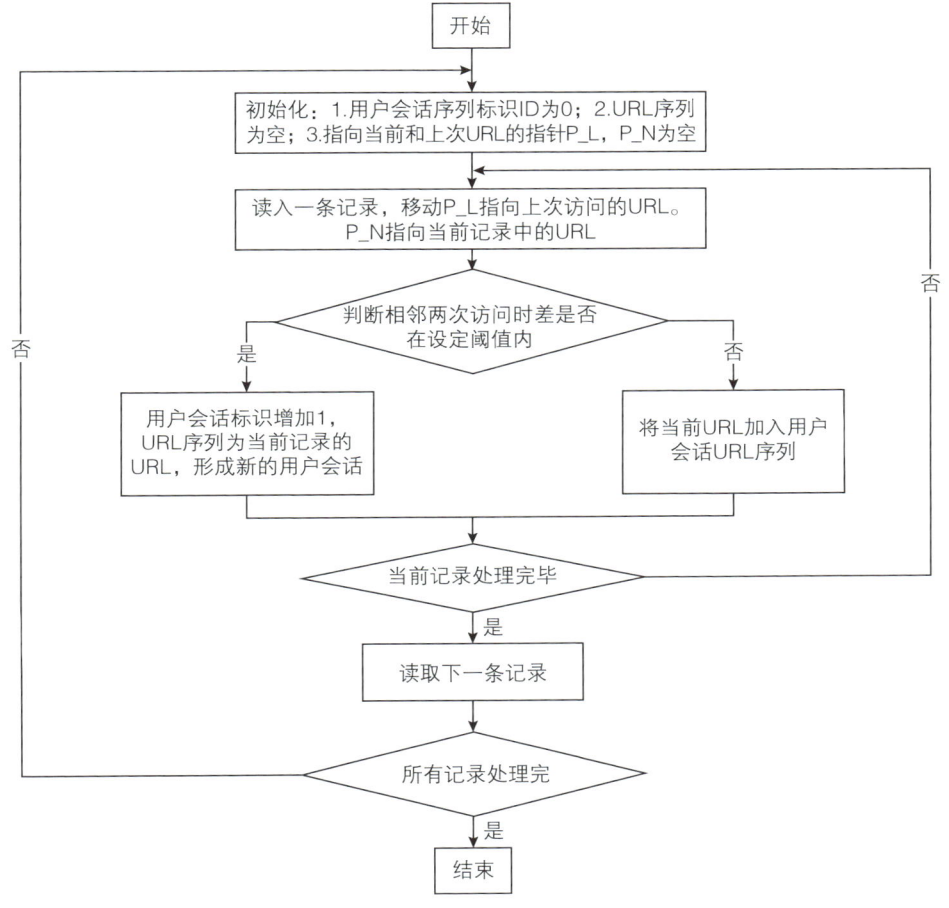

图6-1 会话识别算法流程

6.4 路径补充和事务识别

会话识别完成后，需进一步对访问路径进行补充完善，由于浏览器端具有缓存功能，用户在浏览过程中，通过浏览器上的"向前"和"后退"按钮进行访问时，将使日志数据文件中保存的路径缺失。因此，需要根据用户已访问的Web页面集合进行推测和补充。

事务识别方法一般有：最大向前访问路径法（maximal forward path，MFP）[55]、时间窗口法（time window）[56]、引用长度法（reference length）[57]等。MFP 法是使用最为广泛的方法。该算法主要用于网络环境下，用户不是按照网站自身的结构顺序点击，而是通过点击浏览器上的"向前"和"后退"功能按钮来访问 Web 页面的情形。例如，用户的页面访问了 A1、A2、A3、A4、A5 和 A6，但是在网页的实际访问过程中，这几个步骤可能反复，最终按 A1、A2、A3、A2、A3、A4、A5、A4、A5、A6 的顺序完成页面的访问。MFP 法的作用是尽力还原出用户的真实访问路径，为后续分析提供完整数据。图 6-2 是某次会话的举例，页面编号用大写字母表示。

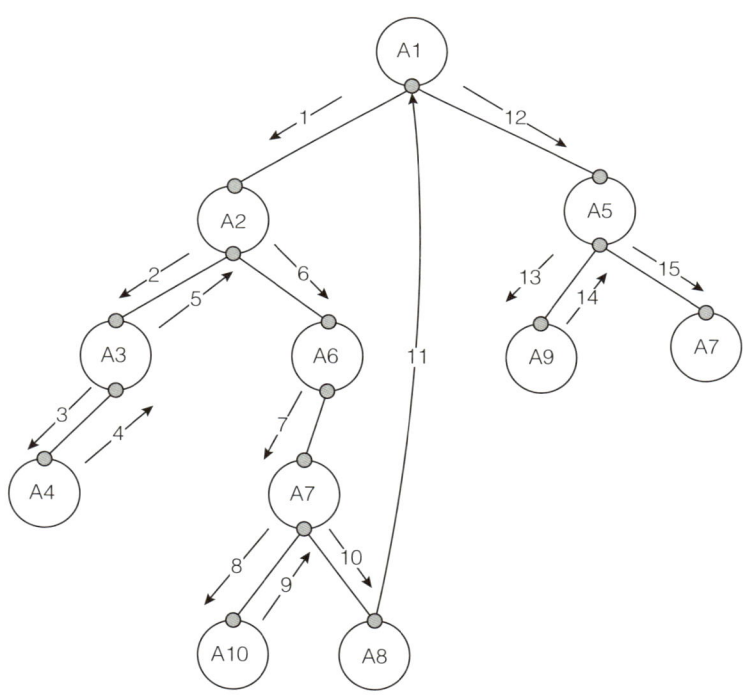

图 6-2　用户某次会话过程

路径为{A1，A2，A3，A4，A5，A6，A7，A8，A9，A10}，通过 MFP 法处理后得到该用户的最大向前访问路径为：{A1，A2，A3，A4}、{A1，A2，A6，A7，A10}、{A1，A2，A6，A7，A8}、{A1，A5，A9}、{A1，A5，A7}，算法描述如下。

输入：(s1, s2, s3, ..., sn)

输出：最大向前访问路径补充过程：

Step1：

// iterator 表示迭代总次数，可根据经验设置，Current 表示当前路径，MFP 存放最大向前访问序列

初始化：iterator＝1，String MFP＝null；Current＝s[i]；

Step2：

if current is not null then

if MFP is not null 则输出

MFP＝ current

goto Step4

Step3：

If current＝＝MFP[j]

If is Forward＝1 // 表示目前处于前进状态

输出 MFP；

删除 j 后面的所有字符，并且 MFP＝MFP[1]＋MFP[2]＋…＋MFP[j]

is Forward＝0 // 表示目前处于后退状态

goto Step4

else

MFP＝MFP＋current // 将 current 加入 MFP 中

if is Forward＝＝0

is Forward＝1

Step4：

i＝i＋1，如果 i＜＝n，goto Step2

Step5：结束。

上述伪代码详细描述了用户日志数据的预处理过程，在实际分析时，可以根据具体任务，对上述预处理过程进行调整。对日志数据的高质量预处理能为后续的挖掘分析提供坚实支撑。

6.5 Hadoop日志预处理

用户日志具有数量极其庞大的特点，可以通过Hadoop实现对日志的分布式处理，这样既节省了时间，又提高了系统的容错性。

具体预处理流程如图6-3所示。

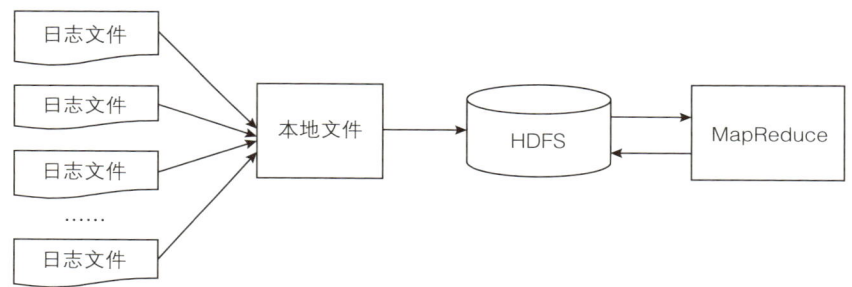

图6-3　Hadoop日志预处理流程

对图6-3说明如下。

① 将不同服务器上的日志拷贝汇集到本地机器上；

② 为了在Hadoop上实现对日志的预处理，需要将数据文件上传至Hadoop服务器集群；

③ 采用MapReduce编程框架实现对日志的预处理，MapReduce框架中开源集成了本书中提到的日志数据文件的预处理技术。

原始日志数据文件中包含较多内容，并能分解为多个字段，各字段的应用各不相同，因此在不同的应用场景中，会对某些相应字段进行剔除和提取。在本书中有部分字段没有用到，可能是因为某些日志不完整，如缺少重要字段，也可能是因为相关字段包含了不易剔除的噪声数据。为此，分析前日志数据，通常要按照前述的日志数据预处理步骤进行治理。一般会将日志服务器为用户分配的标识作为用户 ID，帮助进行用户识别，并设置 0.5 小时作为用户会话阈值，编程实现对日志数据中相关字段的解析提取：

//获取日志中的 query 字段

char* get_query_str（const char* request，char* query）；

//获取用户点击的 URL

char* get_URL（const char* Inline，char* url）

//获取用户访问时间

time_t_get_access_time（const char* line）；

//获取用户唯一标识 UID

char* get_uid（const char* line，char* UID）；

//获取用户 IP

int get_IP（const char* line，char* ipstr）；

最后分别编程实现 Map 和 Reduce 函数，输入是原始日志的每行，输出是预处理后的日志，key 是用户 ID，value 由查询词、访问时间、URL、IP 字段组成。接着再通过会话识别将时间阈值内的会话记录集中，并采用路径补充和事务识别算法进一步处理，将最终预处理后的日志输出到 HDFS 上。

6.6 用户行为数据的更新

当准备针对某图书馆进行用户行为分析时，有两种收集行为数据的方法。第一种是采用商业的第三方数据采集工具，按照第三方提供的数据传输标准，把自己的每一条行为请求，发送给第三方进行数据采集汇总。第二种是自己收录行为数据，以自己的方法将累积的行为数据以文件方式存储，然后定期、定时地提供给用户行为分析平台进行统计加工。第一种方法的绝对优势在于它的主动性与实时性，只要有一个行为发生就可以立即收集。第二种方法按一定时间周期，累积用户行为数据，等累积到一定程度再进入分析阶段。这两种方法会直接影响分析阶段的指标统计实效性。

行为数据采集、存储和加工等过程都需要依托大数据的底层架构来进行。构建大数据体系所需的各类组件有若干种选择，在此针对可采取的技术架构进行说明。

① Kafka：一个分布式的、分区的、多副本的实时消息发布订阅系统，提供可扩展、高吞吐、低延迟、高可靠的消息分发服务。

② Hadoop：分布式系统基础架构。用户可以在不了解分布式底层细节的情况下，开发分布式程序，充分利用集群的威力进行高速运算和存储。

③ Hive：建立在 Hadoop 基础上的开源数据仓库，提供类似 SQL 的 HiveQL 语言操作结构化数据存储服务和基本的数据分析服务。

④ MySQL：一种关系型数据库管理系统，关联数据库将数据保存在不同的表中，而不是将所有数据放在一个大仓库内，这样不仅提高了速度，还提高了灵活性。

⑤ MongoDB：一种非关系型数据库（NoSQL），是一个面向文档对象的分布式文件存储数据库。

我们将上述架构简单拆解为"行为数据采集系统"和"存储与分析系统"两个部分。来自终端计算机或手机的行为数据通过简单的 Web 服务转发到服务器，经过中间件 Kafka 的管道处理，将行为数据逐一写入大数据存储中心，再经由若干数据分析脚本进行处理，将数据统计为各类阅读所需的结果型数据，继续在存储中心里留用。

在线数据更新过程中，主要采取线上应用终端埋码的方式。在埋码之初，验证埋码的准确性至关重要。因此，要通过埋码所产生的真实行为数据，看到系统所接收到的行为数据明细是否与埋码所设计的格式内容相符。在第一次埋码完成后，要手动发起一些真实的行为，如启动 APP、点击某个已经埋点的按钮等，然后通过同步校验，检验刚才发出的具体行为是否以正确的格式传递到了服务端、参数是否按要求传递、行为发生的时间是否记录准确等（图 6-4）。

第6章
数字图书馆用户画像数据处理及更新

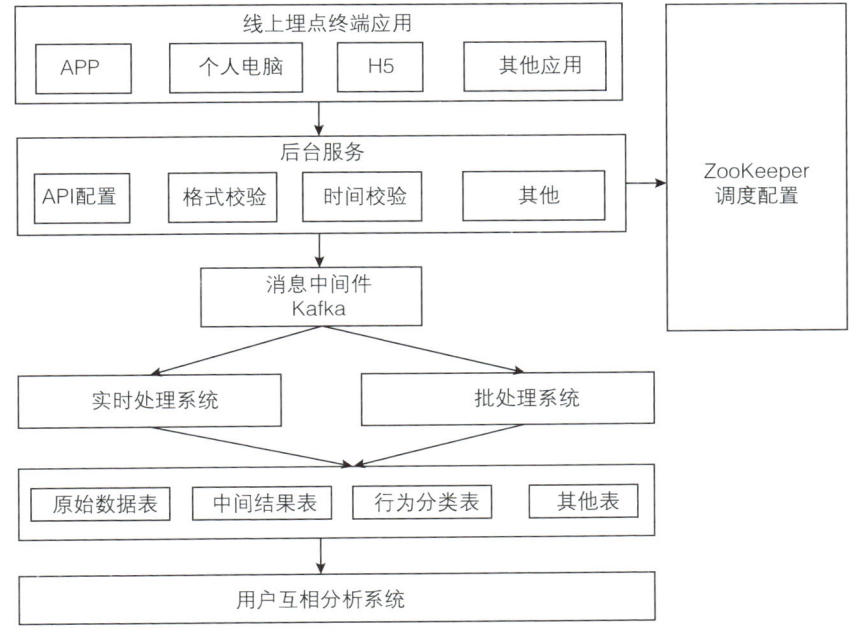

图6-4 在线数据更新流程

应用：任意的在线用户端，如一个APP、一个网站、一个微信公众号等，都被称为一个应用。

触点：行为事件所对应的采集方法命名，如"order"表示"订购按钮"、"pageview"表示"浏览页面"、"additem"表示"添加购物车按钮"等。

参数：行为事件发生时采集的具体内容字段，如"itemName"表示"事件发生时对应的文献名称"、"actime"表示"事件发生的具体时间"、"price"表示"事件发生时对应的交易金额"等。

探头：一组应用＋触点＋参数的集合，称为一个探头。

假设数字图书馆拥有APP、网站、微信公众号等作为服务渠道，该图书馆就要设定配置好的探头，该探头中分别针对不同的应用，配置好相关的触点与参数，由此形成一整套在线行为数据的采集代码包。

探头的管理主要包括对探头的参数、触点及单个应用触点的管理，即参数管理、触点管理和应用触点管理。

第 7 章

用户画像系统功能设计

7.1 用户画像系统总体框架

用户画像系统总体框架如图 7-1 所示。

7.1.1 采集子模块

采集子模块的功能是尽可能收集用户的全部资料。当用户登录图书馆后,采集子模块将记录下该用户在图书馆系统中包括个人信息、日志信息在内的各种信息,并将这些信息关联到当前用户的账号下。当用户处于未登录状态时,只能将用户信息作为访客留在服务器中,对用户 ID 仅以 "unlogin" 进行标注,采集子模块不对此用户的账号信息进行确认核实,其检索信息、访问信息、浏览信息等均无须与用户账号进行关联,因此用户的一些行为信息此时就会存在收集盲区。但 Web 服务器可以通过 cookie 方式,记录其客户端的信息特征和运行信息,并保存在用户客户端。当用户再次访问目标服务器时,用户客户端可以根据服务器要求提交相应 cookie,通过对用户 cookie 的辨别,Web 服务器可以获得该用户客户端记录的标识和其历史行为信息,

第7章
用户画像系统功能设计

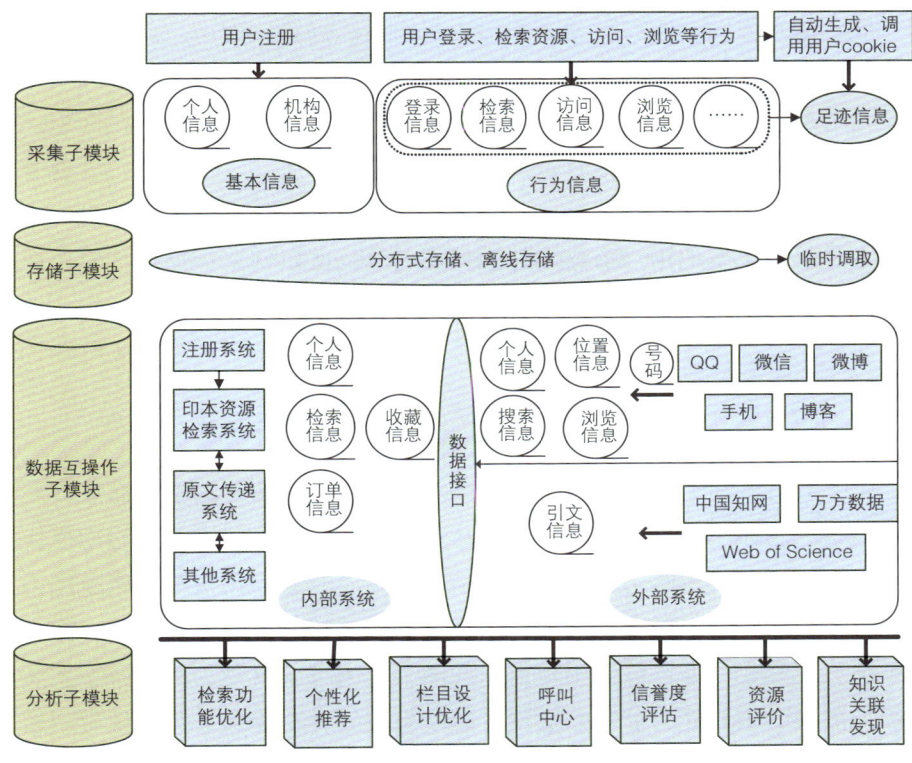

图7-1 用户画像系统总体框架

即可以通过收集用户cookie，也就是收集客户端的历史足迹信息，来获取未登录用户的行为信息。

7.1.2 存储子模块

用户信息被采集后，将转存到存储子模块。服务器的存储空间、计算能力、安全性、共享性、成本等方面的问题都要仔细考虑。①随着用户的快速增长，以及用户访问频次的成倍提高，用户所产生的信息以指数速度增加，这就要求服务器必须有充足的存储空间，同时要确保海量用户信息的高效传输和可靠存储。②用户行为信息，如检索信息、访问信息等数据快速产生，对服务器的计算性能提出了更高要求。③图书馆的存储服务器，既要防范病毒、黑客等人为因素的攻击，又要防止遭受自然灾害的袭击，避免数据库遭受资料损毁、遗失的风险。这就要求服务器的容错性要强，且具有灾备能力。一旦某一存储服务器出现故障，应确保有能力及时将存储负载交给运行正常的备份存储节点，并定时做好离线备份存储等工作。④当前，大部分图书馆都采用了本地集中式存储方式，即在本地服务器中存储用户信息。这种存储方式限制了本地用户信息的跨服务器共享，所以部署存储方案时也要将用户信息的共享性一起考虑。可以考虑采用云存储模式，以实现数据的安全性与共享性。

7.1.3 数据互操作子模块

在图书馆体系中，互操作是指多个系统间进行交换与共享，而数据互操作则是指利用通用数据的变换标准，从而在不同的系统间进行间接的变换与数据处理，这有利于图书馆系统开放性的提高。开放性是指在规定范围内，允许外界信息与内部系统的交互，以利于信息共享与提升服务效能。图书馆各系统之间开放，可以促进用户信息在图书馆内部的共享，提升各子系统满足用户需求的服务能力。随着数字环境的发展，社交媒体、学术搜索引擎、即时通信等新型交流方式层出不穷，不断影响和更新着人们的信息获取方式。当前，即时通信、社交网站、搜索引擎、博客、移动APP等成为最普及的网络应用，其中移动APP超越了传统互联网应用。面对新变化，数字图书馆作为数字环境下的文献信息服务机构，必须破除封闭式的网络服务模式，融入开放网络新环境，做到真正的用户信息共享管理与画像，支撑用户的个性化信息需求。为此，图书馆要同时实现内部系统之间的开放，以及其与外部系统之间的互联和互操作。基于此，图书馆系统与数据的互操作可以分为图书馆内部系统及其与外部系统间的互操作，具体描述如下。

图书馆内部系统涉及的数据库主要包括印本文献资源、数字资源、开放获取资源和自建特色数据库。当用户访问图书馆时，检索文献资源、浏览和获取全文是用户的主要行为，因此需要在图书馆的全文传递系统、数字资源集成检索下载系统、开放资源集成系统和自建特色数据库服务系统等多个系统之间互操作。打通各类系统，实现用户信息的关联整合，将极大提升各应用系统的服务水平和用户满意度。例如，对电子期刊全文数据库中的文献检索、下载等信息与全文传递系统中的用户注册信息进行关联整合，将能揭示用户群对特定主题电子全文的偏好程度，以及用户所在机构对文献主题、文献品种的使用情况等，进而为用户在使用数字文献资源过程中提供个性化服务，同时也能为图书馆馆员续订文献资源数据库提供依据和参考。

图书馆内部系统与图书馆外部系统间的数据互操作可分为社交媒体应用和文献服务系统两大类型。一方面，随着移动互联网的发展，即时通信、短视频平台、社交媒体等网络应用日益成为人们重要的交流工具，并得到广泛使用。可以将这些外部网络应用的数据与图书馆内部数据进行关联，支撑图书馆用户服务。例如，通过与短视频平台、QQ、微博、微信等的合作，实现联合认证，通过这些应用认证的用户也能登录图书馆服务系统，且当用户登录时可申请用户为图书馆系统授权，以获取该用户的个人信息、搜索信息、浏览信息、位置信息等。这不但进一步使得用户可以更便捷地获得图书馆服务，还使得图书馆系统可以更全面地获取用户行为信息，通过对这些用户信息的挖掘分析，能够更加准确而及时地实现用户精准服务[58-59]。另一方面，图书馆内部系统与外部文献服务系统，如中国知网、重庆维普、百度学术、Web of Knowledge 等进行互操作。例如，将图书馆的文献检索结果与外部文献服务系统的下载或服务信息进行关联，可能揭示出图书馆收藏文献在各外部文献服务系统或数据库中的利用情况，将能帮助用户对文献价值进行科学评价。此外，还可以将用户的个人信息与文献作者或机构信息进行关联，揭示该用户的论文发表和引用等情况，辅助科研管理机构对用户的科研成果进行评价。将用户信息尽可能与不同系统包含的信息进行关联互操作，将为图书馆的用户画像提供坚实基础。

7.1.4 分析子模块

分析子模块的功能就是对用户信息进行挖掘分析和画像，实现用户信息价值最大化。对不同类型用户信息的挖掘分析，将能在检索功能优化、个性化推荐、栏目设计优化、呼叫中心、信誉度评估、资源评价、知识关联发现等方面为用户提供更加个性化的服务。

（1）检索功能优化

用户面对海量文献资源，其关注点不是图书馆资源的多少，而是能否在花费尽可能少的时间的情况下，发现并获取满足其需求的文献资源[60]。因此，检索功能优化对于图书馆服务至关重要。拥有高效、稳定的检索系统是为用户提供更快、更准确服务的基础。例如，当用户输入检索词在图书馆系统进行查询时，若能基于用户历史行为信息进行分析处理，将能为用户提供更好的服务。在用户输入检索词过程中，基于检索词和用户的历史行为，系统提供与当前输入词相关的新词，将能较好弥补用户检索信息不足的缺陷，节省用户查找时间，提高效率。根据不同类型的用户行为信息，可将检索扩展定义为基于日志信息的检索和基于历史足迹信息的检索。

① 基于日志信息的检索。该检索方式主要针对登录用户。日志信息中包含了用户的检索信息、页面访问及浏览信息等，其内容很大程度上包含该用户的当前兴趣点。通过文本处理抽取出日志数据中的检索词，并形成相应事务集。当用户输入检索词之前，可以将当前用户最近事务集中的关键词作为提示词，来帮助用户进行检索，提高效率。还可以将所有用户的检索词组织形成检索事务库，并将检索事务库集成在图书馆检索系统中。当用户检索时，检索系统通过识别检索词，并借由检索事务库进行语义相关计算，分析用户当前输入词与事务库中每对词的相似度，以帮助用户来扩展检索。

② 基于历史足迹信息的检索。该检索方式主要针对未登录用户。用户的历史足迹信息中包含了客户端用户的历史检索信息、页面访问及浏览信息，其内容很大程度上是当前客户端用户的兴趣点。通过文本处理抽取出历史足迹信息中的检索词，并形成相应事务集。当用户在当前客户端浏览器输入检索词之前，可以将当前用户最近事务集中的关键词作为提示词，来帮助用户进行检索，提高效率。

因此，无论用户是否登录，图书馆检索系统都可以为其推荐检索词，帮助用户节省检索时间，使得用户更快、更准确地获取资源。

（2）个性化推荐

个性化推荐系统通过分析用户行为，揭示用户偏好兴趣，为不同用户推荐个性化文献资源，能够帮助用户提高检索效率，同时提高图书馆系统的服务水平。用户文献资源的检索次数、收藏情况、引用频次等数据可以体现用户的兴趣，可以用于构建用户兴趣模型，即通过用户信息可以发现用户的兴趣，进而构建用户画像。图书馆根据信息处理和实现方式的不同，通常将信息推荐分为在线和离线两种[61]。在线信息推荐是指对用户在线信息进行增量式处理，实时计算得到用户的兴趣模型，对用户访问行为及访问目标进行预测，实现文献资源推荐。离线信息推荐是指通过用户的历史足迹信息，建立用户偏好模型，根据该模型向用户推荐资源。

1）在线信息推荐

① 识别出用户的行为偏好，基于偏好向用户有针对性地推荐资源。当用户登录后，服务系统即可识别出其用户身份，然后根据此用户的历史行为信息为其推荐可能感兴趣的期刊、会议或者文献资源。② 通过用户在当前系统登录状态下产生的实时行为信息，即时向用户进行信息推荐。当用户登录图书馆系统后，系统通过记录当前用户所产生的日志信息，并针对这些信息进行增量处理，对用户兴趣模型进行增量更新，根据用户的不同使用场景，进行个性化信息推荐。例如，当用户订购文献时，系统识别出文献订单中的题名、主题等信息，并通过相似性语义计算，获取其他用户文献订单中相似的文献，并可将这些文献推荐给用户。

2）离线信息推荐

基于游客的历史足迹信息为其推荐资源。服务系统在用户的客户端识别出cookie，并获取到此用户客户端的检索、浏览等历史足迹信息。系统将根据其历史足迹为当前客户端用户推荐相关的期刊、会议或者文献资源。

（3）栏目设计优化

数字图书馆中网站结构及栏目设置通常在系统开发前就确定下来，一般较少根据用户的使用行为在后续过程中进行优化和改进。网站栏目结构和超链接关系，往往与用户使用行为体现出来的访问顺序存在一定差异。通过对大部分用户行为进行集中分析后，识别出大部分用户的访问规律（如热点栏目、频繁访问路径等），从而可以对网站栏目设置和超链接的关联进行优化，提高用户满意度和用户使用网站效率。此外，通过对全体用户的访问日志进行集中挖掘，还可以发现用户访问序列中隐含的重要知识和规律。用户在使用数字图书馆服务系统时会被记录各种形式的访问信息。首先，对用户的访问日志进行预处理，将日志中的网址信息映射到数字图书馆系统的相应栏目，以待后续分析。其次，利用关联规则方法进行分析，读取用户会话的栏目集合即项集，并对项集多轮扫描，从而计算出每个项集的频次，并找出全部候选项集和频繁项集（项集出现的频次超过设定阈值），进而获取大部分用户频繁发生行为（如频繁访问的网站栏目等）。最后，在构建的频繁项集基础上，计算生成一系列用户访问网站栏目的关联规则集，通过关联规则集中规则之间共同出现的频次多少，可以计算得出各规则间的依赖关系强度。若某条规则出现的频次高，则该条规则依赖关系强，反之则弱。基于关联规则，还可对项集开展序列模式挖掘分析，可以计算获取项集间的先后序列，并通过该序列与网站栏目对应的 URL 及网页位置进行比较，如果两者不一致程度较高，则可能揭示当前栏目设置位置或链接并不符合用户的行为习惯，应该考虑进一步对网站链接和栏目进行优化。例如，若通过计算发现，用户频繁访问的栏目并非网站的一级目录，并且该栏目的访问率明显高于当前网站的部分一级目录，就可以考虑对此栏目的位置和层级进行优化，简化访问路径，使之更加符合用户使用习惯，提高用户满意度。

（4）呼叫中心

呼叫中心，是将互联网和传统电话网络综合集成构建的，面向用户提供实时咨询、投诉等功能的综合客户信息服务系统。呼叫中心作为服务机构的对外窗口，应尽可能在最短的时间内，实时处理用户的各类需求，如订单查询、投诉建议等，从而提升用户满意度。数字图书馆通过建立呼叫中心，尤其是在对用户信息进行集中分析挖掘，建构用户画像后，将能更加高效地解决用户问题，提升图书馆的服务能力和水平。

呼叫中心建设是系统性的工作，需要丰富的知识库（尤其是用户画像）作为支撑。用户信息知识库是对用户各类信息进行采集、规范和实时关联后形成的，应该包括政策规定、资源描述、服务内容、业务流程、用户画像等内容。当外部用户接入后，呼叫中心系统将判断其呼叫类型，并记录相关行为及内容，以支撑开展统计分析。例如，用户通过电话呼入系统时，呼叫中心系统通过电话号码识别出用户身份，并显示用户信息，根据用户在电话呼入时选择的服务类型（如文献订单咨询），与账务系统、订单系统进行互操作，获取当前咨询用户在其他系统中的信息，支撑服务人员的问题解答。

（5）信誉度评估

信誉度是用户在图书馆使用文献资源服务时，是否遵纪守法的一种度量，在数字图书馆时代，尤为重要的是对版权规定的遵守程度。图书馆基于"合理使用"准则提供文献服务。虽然在法规上"合理使用"并未明确给出数量规定，但在实践中，图书馆的"合理使用"往往固定在全文传递服务中，最大可传递的页数，限制在一份期刊、图书等总页数的1/3。通过信誉度评估，来实现对用户申请全文文献行为的约束，从而完善图书馆全文传递服务。通过分析用户的全文传递订单信息可以发现文献资源的总体使用情况。用户是否违规使用可通过两种方式进行判断：①被拒绝服务的全文传递订单数。当用户提交的订单需求触发了"合理使用"准则时，全文传递系统将拒绝用户提交的当前订单。②对用户的全文传递订单进行分析。从某一时间段内的用户文献订单集中抽取出题名、品种名称、年卷期等信息，进行关联聚类分析，检查该用户是否存在对某些图书、期刊等文献资源的整本获取。同时，为信誉度设定相应的指标分值，根据用户的不同信誉分值，授予用户不同的权限或提供不同的服务（如高信誉分值用户可以免费参加讲座、参与优惠活动等），既有利于加强用户黏性，培养图书馆的忠诚用户，又能够实现对低信誉分值用户的监控预警。

（6）资源评价

馆藏文献是图书馆服务的基础，因而文献资源建设工作是图书馆的核心业务。从用户使用角度对文献资源开展分析评估，能够帮助图书馆充分掌握文献资源的使用状况，更好支撑文献资源建设决策。

① 对全文传递订单中的篇名、刊名、主题等信息开展分析，将能揭示各品种文献的用户订单数量，进而生成文献资源的使用分析报告，为是否续订、续订模式等文献采集决策提供支持。

② 对数字文献资源的浏览、检索和下载等信息开展分析，将同样能生成数字文献资源的使用分析报告，有利于分析和预测不同数字文献资源对用户的价值，从而为数字文献资源的续订或者新增提供参考和支持。

（7）知识关联发现

知识关联发现就是运用关联聚类、序列分析等数据挖掘方法，从海量信息中发现蕴含的模式或者知识[62]。图书馆用户数据中隐含了大量有价值的知识和规律，通过对海量信息的挖掘分析，将能很好地满足用户的信息需求。因此，图书馆应该将用户的行为等信息视为重要的不可再生资源，进行保存和挖掘利用，发现用户的行为特点和兴趣变化，揭示用户的行为规律，为用户提供更加个性化的高质量服务。同时，对用户的问题和建议开展分析，还能够发现图书馆服务中的不足之处，为图书馆的服务模式设计提供支持。

7.2 用户画像分析与服务功能结构

7.2.1 系统模块

系统模块设计如图7-2所示，共划分成4个模块，分别为数据预处理模块、注册用户分析模块、日志数据挖掘模块、用户与服务监测模块。不同模块的功能描述如表7-1所示。

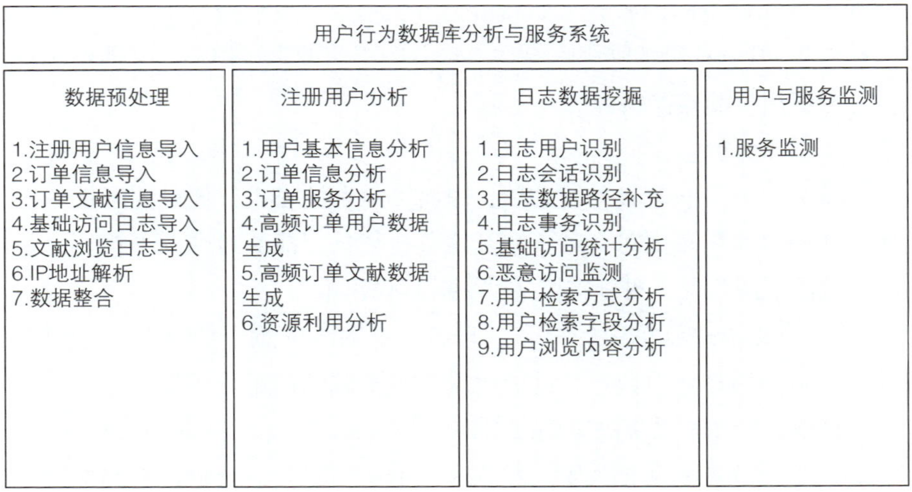

用户行为数据库分析与服务系统			
数据预处理	注册用户分析	日志数据挖掘	用户与服务监测
1.注册用户信息导入 2.订单信息导入 3.订单文献信息导入 4.基础访问日志导入 5.文献浏览日志导入 6.IP地址解析 7.数据整合	1.用户基本信息分析 2.订单信息分析 3.订单服务分析 4.高频订单用户数据生成 5.高频订单文献数据生成 6.资源利用分析	1.日志用户识别 2.日志会话识别 3.日志数据路径补充 4.日志事务识别 5.基础访问统计分析 6.恶意访问监测 7.用户检索方式分析 8.用户检索字段分析 9.用户浏览内容分析	1.服务监测

图7-2 系统模块设计

表 7-1　系统模块功能描述

系统模块	说明
数据预处理	功能：实现源数据的整理、清洗、预处理和导入等
注册用户分析	功能：对注册用户数据进行分析 说明：用户信用分析和活跃用户划分还待进一步研究
日志数据挖掘	功能：对日志数据进行预处理、分析和挖掘 说明：在对日志数据进行预处理时，须先获取 NSTL 网站拓扑结构
用户与服务监测	功能：对各种类型的用户进行分析和监测，以了解其现状及变化

7.2.2　用户信息管理模块

用户信息管理模块（图 7-3）包含用户信息简单查询、用户信息高级查询、订单信息查询、订单文献信息查询等标识，具体如表 7-2 至表 7-5 所示。

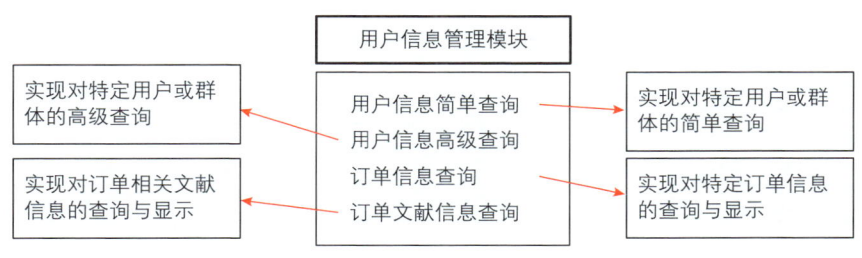

图 7-3　用户信息管理模块

表 7-2　用户信息简单查询

类目	内容详情
功能描述	实现对特定用户或群体的简单查询，包括注册用户与日志访问用户
输入	注册用户：用户名、用户姓名、e-mail 日志访问用户：IP 地址
输出	注册用户信息或日志信息
功能隶属	所有用户

续表

类目	内容详情
补充说明	1. 页面框架如图7-4所示，结果显示页面框架如图7-5所示 2. 允许用户选择数据库查询，数据库包括注册用户数据库和日志数据库 3. 检索结果显示时，先显示简单信息。注册用户简单显示信息包括：用户名、姓名、e-mail、花费总额、预付款余额。日志访问用户简单显示信息包括：IP地址、访问时间、访问页面。允许点击简单信息中的相关字段后显示详细信息，详细信息内容为注册用户与日志访问用户全部字段 4. 查询注册用户信息时，允许点击查看用户订单信息。订单信息数据以表格显示，字段包括用户名、订单号、请求日期、刊名、标题 5. 注册用户查询不允许模糊查询；日志访问用户查询允许模糊查询，如前两位查询127.0.*.* 6. 日志访问用户记录个数如果大于20，翻页显示 7. 提供信息打印和导出功能，可选择导出用户简单信息或详细信息。简单信息导出格式为txt或excel，详细信息导出格式为txt 8. 检索结果显示页面点击"关闭"按钮后返回上一页面

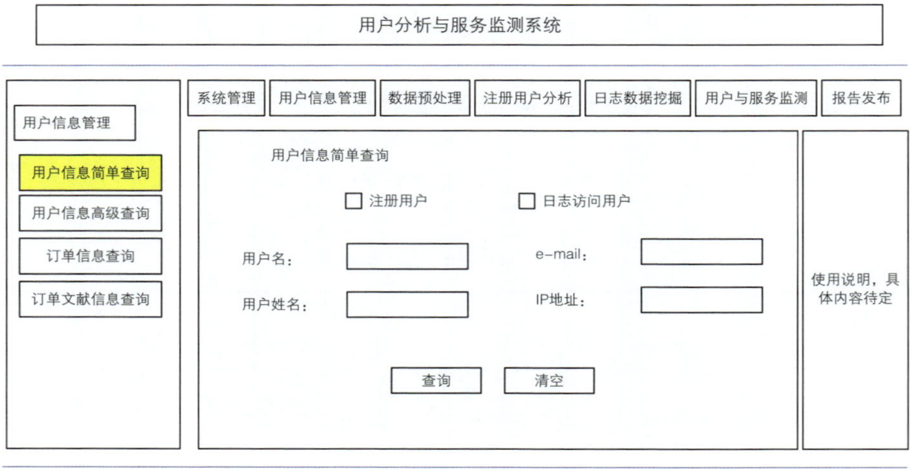

图7-4 用户信息简单查询页面框架

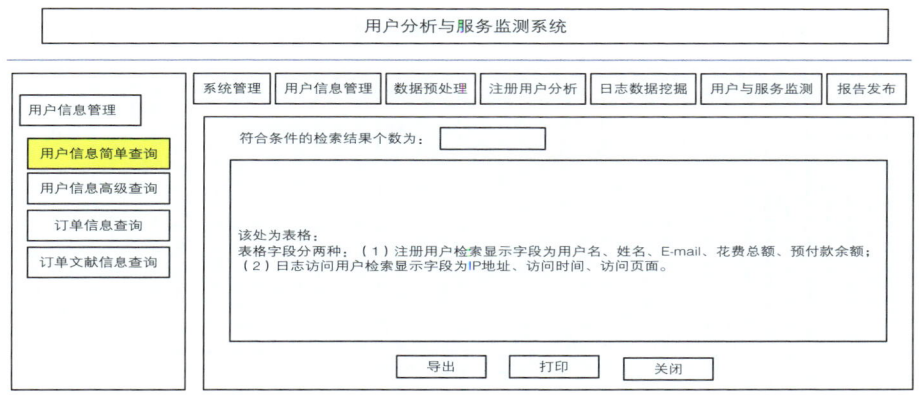

图 7-5　用户信息简单查询结果显示页面框架

表 7-3　用户信息高级查询

类目	内容详情
功能描述	实现对特定用户或群体的高级查询，包括注册用户与日志访问用户
输入	注册用户：用户名、用户姓名、地区、省份、教育程度、用户职业、e-mail、注册时间、集团用户、用户关注内容 日志访问用户：IP 地址、IP 访问时间
输出	注册用户信息或日志信息
功能隶属	所有用户
补充说明	1. 页面框架如图 7-6 所示。注册时间查询和 IP 访问时间查询时，允许输入时间段（如 1990.01.01 to 2000.01.01）或时间点（如 1990.01.01）或年/月时间（如 1990.01） 2. 允许用户选择数据库查询，数据库包括注册用户数据库和日志数据库 3. 检索结果显示页面框架参考图 7-6。检索结果显示时，先显示简单信息，允许点击后显示详细信息。注册用户简单显示信息包括：用户名、姓名、e-mail、花费总额、预付款余额。日志访问用户简单显示信息包括：IP 地址、访问时间、访问页面。详细信息显示包括注册用户与日志访问用户全部字段 4. 查询注册用户信息时，允许点击查看用户订单信息。订单信息数据以表格显示，字段包括用户名、订单号、请求日期、刊名、标题 5. 日志访问用户查询允许模糊查询，如前两位查询 127.0.*.* 6. 查询结果记录个数如果大于 20，翻页显示 7. 提供信息打印和导出功能，可选择导出用户简单信息或详细信息。简单信息导出格式为 txt 或 excel，详细信息导出格式为 txt

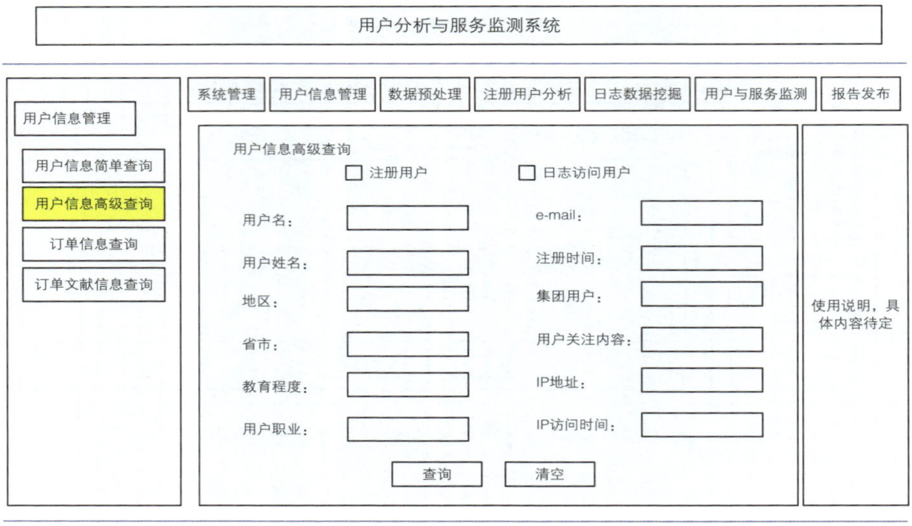

图 7-6 用户信息高级查询页面框架

表 7-4 订单信息查询

类目	内容详情
功能描述	实现对特定订单信息的查询与显示
输入	用户名、用户姓名、订单号、请求时间、完成日期
输出	用户订单信息
功能隶属	所有用户
补充说明	1. 页面框架如图 7-7 所示。请求时间与完成日期查询允许输入时间段（如 1990.01.01 to 2000.01.01）或时间点（如 1990.01.01）或年/月时间（如 1990.01） 2. 检索结果用表格显示，显示字段包括：订单号、用户名、请求日期、刊名和标题 3. 点击表格中"订单号"后显示详细信息，其内容包括订单信息所有字段 4. 点击表格中"用户名"显示用户信息，内容包括用户名、姓名、e-mail、花费总额和预付款余额 5. 点击表格中"标题"显示相关文献信息，内容包括刊名、标题、作者、关键词、摘要、馆藏单位 6. 查询结果记录个数如果大于 20，翻页显示 7. 提供信息打印和导出功能，可选择导出用户简单信息或详细信息。简单信息导出格式为 txt 或 excel，详细信息导出格式为 txt

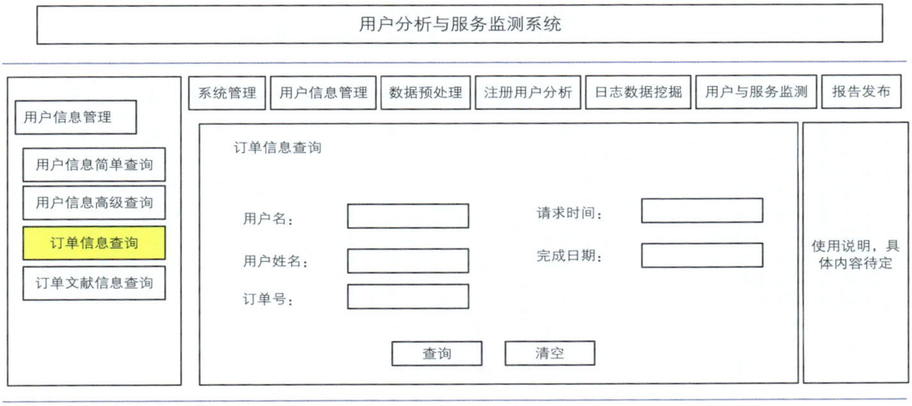

第7章 用户画像系统功能设计

图 7-7　订单信息查询页面框架

表 7-5　订单文献信息查询

类目	内容详情
功能描述	实现对文献信息的订单查询与显示
输入	文献标题、文献作者、刊名、文献记录号、文献数据库名
输出	用户订单信息
功能隶属	所有用户
补充说明	1. 页面框架如图7-8所示。检索结果页面显示检索结果，显示字段包括：文献标题、文献作者、刊名、文献记录号、文献数据库名、用户名、请求日期、订单号 2. 点击表格中"文献标题"显示相关文献信息，内容包括刊名、标题、作者、关键词、摘要、馆藏单位 3. 点击表格中"用户名"显示用户信息，内容包括用户名、姓名、e-mail、花费总额和预付款余额 4. 点击表格中"订单号"后显示详细信息，其内容包括订单信息所有字段 5. 查询结果记录个数如果大于20，翻页显示 6. 提供信息打印和导出功能，可选择导出用户简单信息或详细信息。简单信息导出格式为txt或excel，详细信息导出格式为txt

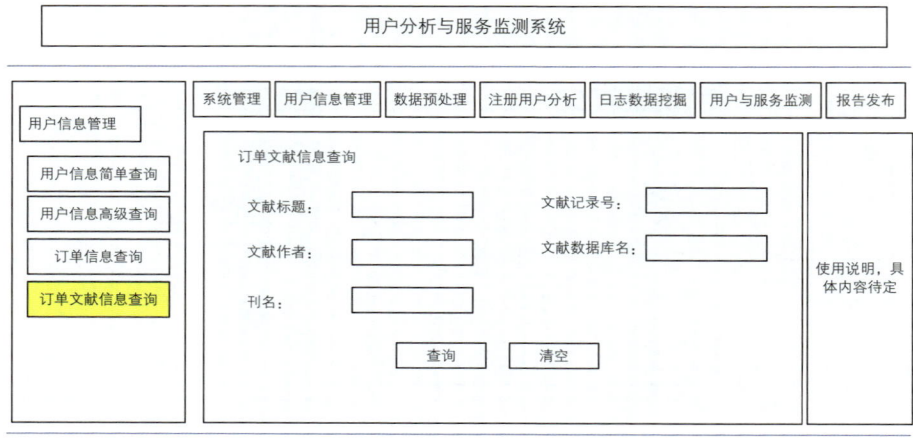

图 7-8　订单文献信息查询页面框架

7.2.3　数据预处理模块

数据预处理模块（图 7-9）以 C/S 结构实现，包含注册用户信息导入、订单信息导入、订单文献信息导入、基础访问日志导入、文献浏览日志导入、IP 地址解析、数据整合等标识，具体如表 7-6 至表 7-12 所示。

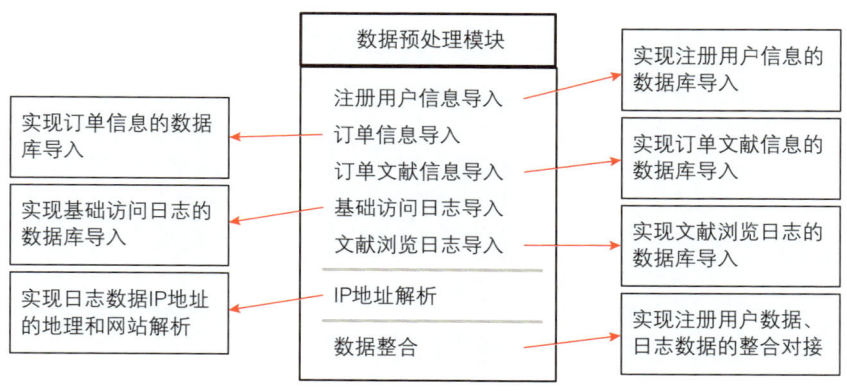

图 7-9　数据预处理模块

第7章 用户画像系统功能设计

表7-6 注册用户信息导入

类目	内容详情
功能描述	实现注册用户信息的数据库导入
输入	注册用户信息文件
输出	
功能隶属	超级用户
补充说明	1. 导入文件格式包括 txt 2. 信息导入过程同时实现几个功能:数据转换(如时间日期的转换)、信息提取(如从用户地址中提取省份)、缺省值输入、数据错误检查 3. 对于错误严重无法自动替换的数据记录,转移到错误表中,以备检查和更改,同时记录错误个数

表7-7 订单信息导入

类目	内容详情
功能描述	实现订单信息的数据库导入
输入	订单信息文件
输出	
功能隶属	超级用户
补充说明	1. 导入文件格式包括 txt、access 2. 对于错误严重无法自动替换的数据记录,转移到错误表中,以备检查和更改,同时记录错误个数

表7-8 订单文献信息导入

类目	内容详情
功能描述	实现订单文献信息的数据库导入
输入	订单文献信息文件
输出	

续表

类目	内容详情
功能隶属	超级用户
补充说明	1. 导入文件格式包括 txt、access 2. 对于错误严重无法自动替换的数据记录，转移到错误表中，以备检查和更改，同时记录错误个数

表 7-9 基础访问日志导入

类目	内容详情
功能描述	实现基础访问日志的数据库导入
输入	基础访问日志文件
输出	
功能隶属	超级用户
补充说明	1. 导入文件格式包括 txt、access 2. 对于错误严重无法自动替换的数据记录，转移到错误表中，以备检查和更改，同时记录错误个数

表 7-10 文献浏览日志导入

类目	内容详情
功能描述	实现文献浏览日志的数据库导入
输入	文献浏览日志文件
输出	
功能隶属	超级用户
补充说明	1. 导入文件格式包括 txt、access 2. 对于错误严重无法自动替换的数据记录，转移到错误表中，以备检查和更改，同时记录错误个数

表 7-11 IP 地址解析

类目	内容详情
功能描述	对日志数据的 IP 地址进行解析，判断其地理位置和可能存在的网站
输入	日志数据表
输出	
功能隶属	超级用户
补充说明	

表 7-12 数据整合

类目	内容详情
功能描述	实现注册用户数据、日志数据的整合对接
输入	选择整合数据表
输出	
功能隶属	超级用户
补充说明	1. 实现注册用户信息、订单信息和订单文献信息的对接 2. 实现日志数据、文献浏览日志数据的对接 3. 对无法对接上的孤立数据，在相关字段上用缺省值标识，以备检查

7.2.4 系统分析逻辑框架

注册用户数据与日志数据之间很难找出明确的关联关系，两种数据源在数据预处理和分析方法上存在很大的差异，在系统构建中不同数据源的分析处理过程各成体系。系统分析逻辑框架如图 7-10 所示。

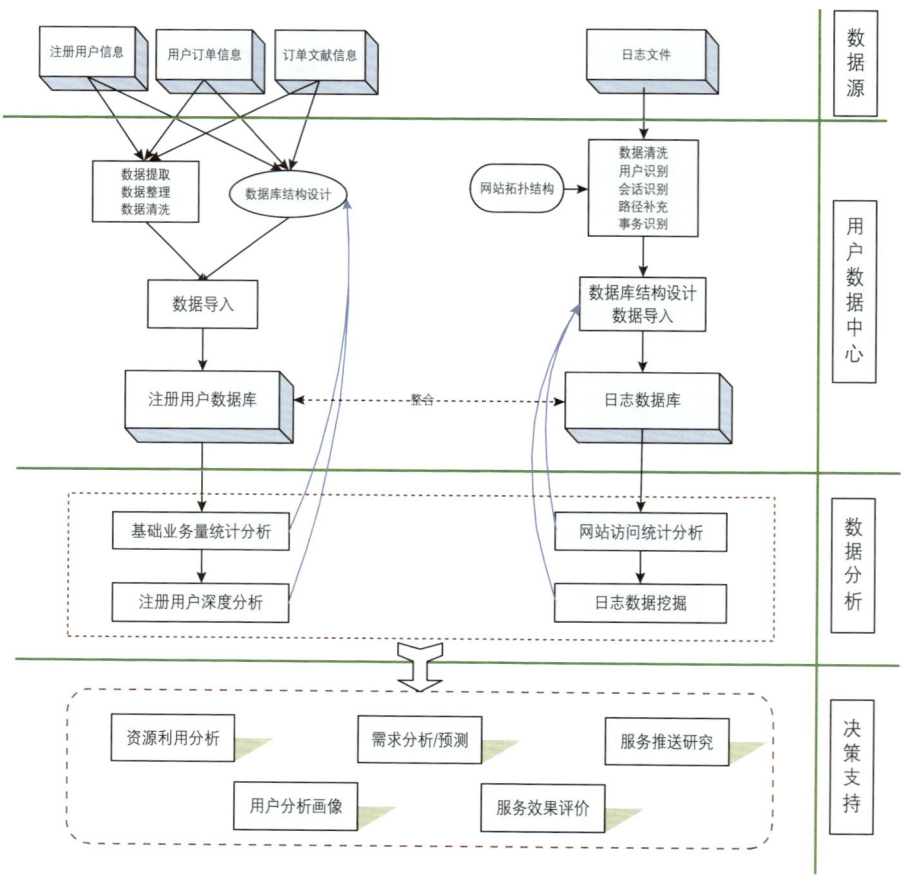

图 7-10　系统分析逻辑框架

在图 7-10 中，注册用户数据和日志数据的预处理过程、数据库结构和数据分析模块互不相同，两者的分析结果在决策支持层汇总，相互补充。注册用户数据包括注册用户信息、用户订单信息和订单文献信息；日志数据包括基础访问日志和文献浏览日志。在对不同数据源进行预处理后，用户数据中心将包括 2 个子数据库：注册用户数据库和日志数据库。两个子数据库之间的整合方法有待进一步研究。

第7章 用户画像系统功能设计

在预处理方法上，注册用户数据主要包括数据提取、数据整理和数据清洗；日志数据预处理方法相对复杂，除数据提取和数据清洗之外，为了对日志数据进行深入分析，还需要进行用户识别、会话识别等一系列工作。

7.2.5 注册用户分析模块

（1）注册用户分析模块功能设计

注册用户数据表主要包括注册用户信息表、订单信息表和订单文献信息表，3个表中的部分字段相互重合。根据数据表中的字段内容，结合系统设计的需求，将注册用户分析模块的功能划分为3个部分，分别为注册用户基本信息分析、订单信息分析、服务监测与深度分析（图7-11）。其中，注册用户基本信息分析主要是对注册用户的不同属性进行统计汇总，了解其分布并监测其变化，为图书馆下一步的宣传工作和推送工作提供借鉴和参考；订单信息分析主要是针对注册用户订单内容展开分析，包括订单处理状况和时间、

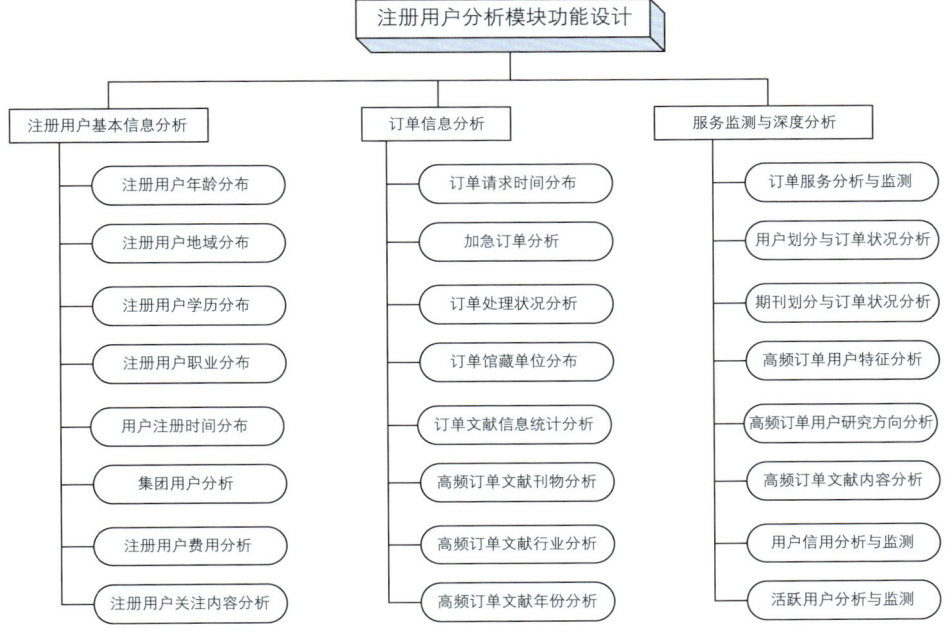

图7-11 注册用户分析模块功能设计

馆藏分布等，以了解资源的利用情况、用户需求及其变化，为资源的订购提供参考；服务监测与深度分析主要是将订单信息与用户信息组合起来进行分析，划分用户特征，研究高频订单用户的研究方向和高频订单文献内容，以深入了解用户需求和用户特征，同时对用户信用和活跃度展开分析和监测，以为不同的用户群体提供个性化服务。注册用户分析模块内容描述如表 7-13 所示。

表 7-13 注册用户分析模块内容描述

功能	分析内容	功能描述	相关字段
注册用户基本信息分析	注册用户年龄分布	分析用户年龄的整体分布和不同年份注册用户年龄构成及其变化	注册年份 注册用户生日
	注册用户地域分布	分析用户地域分布及其变化	注册年份 用户地区
	注册用户学历分布	分析用户的学历分布及其变化	注册年份 用户学历
	注册用户职业分布	分析用户的职业分布及其变化	注册年份 用户职业
	用户注册时间分布	分析用户的注册时间分布	用户注册时间
	集团用户分析	对集团用户进行划分并统计分析	集团用户标志 所属集团
	注册用户费用分析	对用户的花费进行汇总统计	用户花费总额
	注册用户关注内容分析	分析用户的关注内容与兴趣点	用户关注内容
订单信息分析	订单请求时间分布	分析订单请求时间及其随时间的变化	订单请求时间
	加急订单分析	分析加急订单状况、响应时间及其变化	订单请求时间 订单加急标志
	订单处理状况分析	对订单处理响应时间、处理状况及其变化、超时情况进行分析	订单请求时间 订单处理时间 订单处理状态

续表

功能	分析内容	功能描述	相关字段
订单信息分析	订单馆藏单位分布	分析各馆藏单位的服务量及其变化	订单请求时间 订单馆藏单位
	订单文献信息统计分析	分析订单文献的语种、格式、页码、出版年份等分布及其变化	订单文献语种、文献刊名、文献格式、文献页码、文献出版年份
	高频订单文献刊物分析	对高频订单文献刊物进行汇总	订单请求时间 订单文献刊物
	高频订单文献行业分析	对高频订单文献的行业进行分析	订单请求时间 订单中图分类号
	高频订单文献年份分析	对高频订单文献的年份进行分析	订单请求时间 订单出版年份
服务监测与深度分析	订单服务分析与监测	通过服务的响应时间和数据清洗过程中的错误记录个数,对订单处理人的服务质量进行监测分析	订单请求时间 订单处理时间 订单处理人
	用户划分与订单状况分析	根据用户的注册时间、年龄、学历、职业、关注内容等进行划分,分别分析其订单状况及其变化	用户基本信息 订单请求时间
	期刊划分与订单状况分析	根据期刊的语种、格式、中图分类号、刊名、作者、作者单位等进行分类统计,分析其订单状况及其变化	期刊信息 订单请求时间
	高频订单用户特征分析	对订单数量比较大的用户特征进行分析	用户基本信息 订单请求时间
	高频订单用户研究方向分析	对订单数量比较大的主要用户的研究方向进行分析	订单请求时间 用户基本信息 文献关键词 文献摘要

续表

功能	分析内容	功能描述	相关字段
服务监测与深度分析	高频订单文献内容分析	对利用次数比较大的文献的内容进行分析	订单请求时间 文献关键词 文献摘要
	用户信用分析与监测	对用户信用度进行划分并监测其变化	
	活跃用户分析与监测	对用户活跃程度进行划分并监测其变化	用户注册时间 用户累计缴纳金额等

注册用户分析模块包含用户基本信息分析、订单信息分析、订单服务分析、高频订单用户数据生成、高频订单文献数据生成、资源利用分析等标识，具体如表7–14至表7–19所示。

表7–14　用户基本信息分析

类目	内容详情
功能描述	实现注册用户数据的统计分析。分析内容包括： 1. 注册用户年龄分布 2. 注册用户地域分布 3. 注册用户学历分布 4. 注册用户职业分布 5. 用户注册时间分布 6. 集团用户分析 7. 注册用户费用分析 8. 注册用户关注内容分析
输入	1. 选择分析内容，如选择注册用户学历分布 2. 选择或输入相关分析参数，如选择注册用户学历分布后，再选择2016年，表示对2016年注册用户的学历进行分析 3. 选择生成报告文档格式，如选择生成word文档还是ppt文档
输出	报告文档
功能隶属	高级用户、超级用户

续表

类目	内容详情
补充说明	1. 页面框架如图 7-12 所示 2. 允许用户选择组合分析或单项分析。组合分析：用户先选择分析内容和分析选项，然后点击"分析"键。单项分析：用户既可以在选择单项分析内容后点击"分析"键，也可以直接点击分析内容项，如点击"注册用户年龄分布"。分析结果将展示在右侧框架中 3. 实现图表的自动生成。年龄分布、地域分布、学历分布、职业分布、集团用户分析、关注内容分析用饼图和表格表示；注册时间分布、费用分析用折线图和表格表示 4. 分析选项中，"表格内容分年度显示"项为缺省选项。选择"表格内容分年度显示"时，即对所有数据进行分析，分析结果中的饼图只表示合计结果，折线图显示所有数据；选择"时间段分析"时，时间段输入允许间隔（如 1990.01.01 to 2000.01.01）或年/月时间（如 1990.01） 5. 注册用户年龄分布区间设置为 20 岁以下、20~29 岁、30~39 岁、40~49 岁、50 岁以上 6. 注册时间分布精确到月份 7. 实现报告的自动生成，包括 word、ppt 格式 8. 不实现图表颜色、大小等的调整

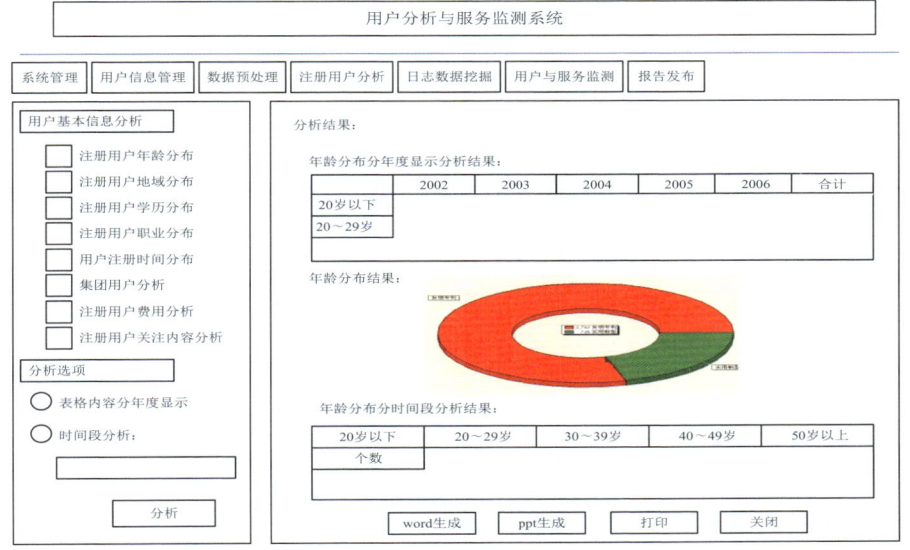

图 7-12　用户基本信息分析页面框架

表 7-15 订单信息分析

类目	内容详情
功能描述	实现注册用户订单数据的统计分析。分析内容包括： 1. 订单请求时间分布 2. 加急订单分析 3. 订单处理状况分析 4. 订单馆藏单位分布 5. 订单费用分析
输入	1. 选择分析内容 2. 选择或输入相关分析参数 3. 选择报告文档格式
输出	报告文档
功能隶属	高级用户、超级用户
补充说明	1. 页面框架参考图 7-13 2. 订单请求时间分布包括年分布、月分布、周分布和小时分布，用折线图和表格表示 3. 加急订单分析、订单处理状况分析包括年分布和月分布，用折线图和表格表示 4. 订单馆藏单位分布包括年分布和月分布，用折线图、表格和饼图表示，饼图只显示总体状况 5. 订单费用分析统计订单的服务费、复印费、邮寄费、版权费、其他费用随时间的分布变化和不同费用所占比例，前者用表格和折线图表示，后者用表格和饼图表示 6. 实现报告的自动生成，包括 word、ppt 格式 7. 不实现图表颜色、大小等的调整

表 7-16 订单服务分析

类目	内容详情
功能描述	对订单处理人/单位的服务状况进行分析。分析内容包括 1. 订单处理人/单位的订单完成数量和订单服务响应时间 2. 订单处理人/单位的订单信息错误记录个数（根据数据预处理中的错误记录）

续表

类目	内容详情
输入	选择订单分析人/单位
输出	分析报告
功能隶属	高级用户、超级用户
补充说明	1. 页面框架参考图 7–13 2. 订单完成数量分析包括年分布和月分布，用折线图和表格表示 3. 订单服务响应时间为平均响应时间，分析结果精确到月，用折线图和表格表示 4. 实现报告的自动生成，包括 word、ppt 格式 5. 不实现图表颜色、大小等的调整

表 7–17　高频订单用户数据生成

类目	内容详情
功能描述	实现高频订单用户数据的生成与导出
输入	1. 选择订单数量阈值、时间段 2. 选择生成数据表字段和格式
输出	数据表
功能隶属	高级用户、超级用户
补充说明	1. 页面框架如图 7–13 所示 2. 允许选择生成数据表的字段 3. 时间段输入允许间隔（如 1990.01.01 to 2000.01.01）或年/月时间（如 1990.01） 4. 生成格式包括 txt、access

表 7-18 高频订单文献数据生成

类目	内容详情
功能描述	实现高频订单文献数据的生成与导出
输入	1. 选择订单数量阈值、时间段 2. 选择生成数据表字段和格式
输出	数据表
功能隶属	高级用户、超级用户
补充说明	1. 页面框架参考图 7-13 2. 允许选择生成数据表 3. 生成格式包括数据库临时表、txt、access

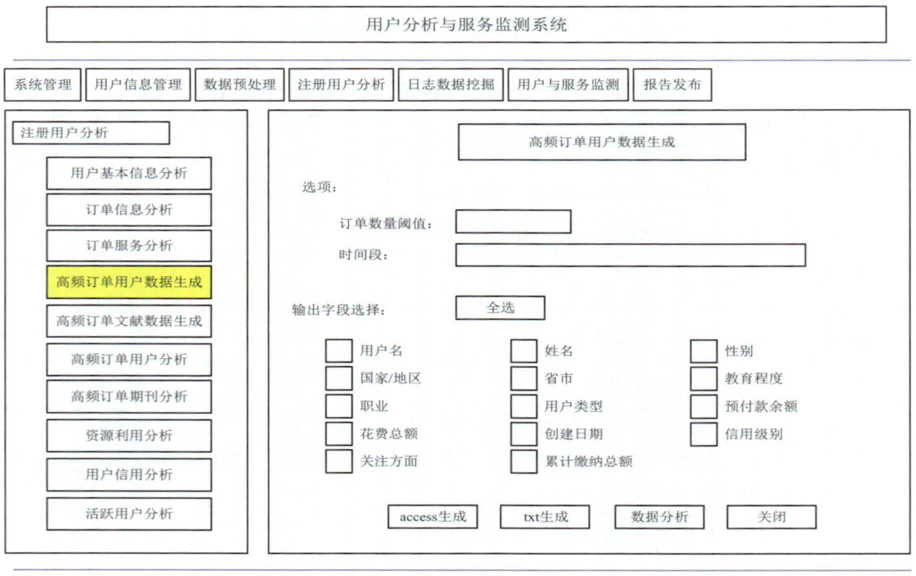

图 7-13 高频订单用户数据生成页面框架

表7-19 资源利用分析

类目	内容详情
功能描述	对期刊文献资源的利用状况展开分析，分析内容包括： 1. 期刊分析 2. 文献分析 3. 作者分析 4. 馆藏单位分析
输入	
输出	分析报告
功能隶属	高级用户、超级用户
补充说明	1. 期刊分析：对所有期刊的订单情况进行统计 2. 文献分析：对文献订单情况进行统计 3. 作者分析：对文献作者进行统计 4. 馆藏单位分析：对馆藏单位订单进行统计，并与馆藏数量进行对比 5. 生成报告类型包括word、ppt，用表格和柱状图表示

（2）注册用户数据库结构设计

在注册用户信息表、订单信息表和订单文献信息表的字段中，部分字段将直接参与分析，如注册用户的职业将用于分析用户的职业分布；部分字段不参与分析，但作为信息描述数据，也将录入用户数据库中，如用户的姓名和联系方式等字段。这两类字段的数据在录入数据库过程中，将涉及数据检查、清洗和信息提取等步骤。除了这两类字段外，还有些字段既不参与分析，也不是信息属性的描述，如注册用户的"密码遗忘提示"等，这些字段的数据将不导入用户数据库中。

（3）注册用户分析模块接口设计

① 数据清洗接口。在注册用户数据的调研过程中发现，很多字段数据存在错误，为了用户数据库的完整性和更好地进行分析，有必要对这些原始数据进行检查和清洗，对于错误数据，可以考虑抛弃或以缺省值替代。对于订单信息表中的数据错误记录，将统一保存到一个错误表中，用于分析和监测订单处理人的服务质量。

② 数据导入接口。在数据库结构设计完毕并进行数据清洗后，针对不同的信息表编写不同的数据导入接口。在数据导入过程中，注册用户信息表与订单信息表之间通过注册用户的"用户名"字段进行关联，订单信息表与订单文献信息表之间通过"文献记录号"和"文献数据库名"两个字段进行关联。

7.2.6 日志数据挖掘模块

（1）日志信息字段

不同Web日志的内容常常有所区别。服务器日志数据主要有两种格式，一种格式是请求访问某个页面，如123.114.42.19 -- ［27/May/2007：22：35：50+0800］"GET /htm/index.jsp HTTP/1.1" 200 0，另外一种数据格式中还包含查询语句，如66.229.128.82 -- ［28/May/2019：22：35：31 +0800］"GET/nstl/search.jsp? tit= New+Scientist&issn=0262-4079&year=2014&vol=192&no=2549 HTTP/1.1" 200 0。服务器日志数据整理后的字段内容如表7-20所示。相对来说，服务器日志的字段内容较少，"耗用时间""cookie""参照页"等常见格式字段都没有。

表7-20 Web服务器日志字段

编号	字段名称	描述	示例
1	用户端地址	远程主机的IP或DNS地址	"66.229.128.82"
2	日期	网页的请求时间、日期和时区	"28/May/2019：22：35：31 +0800"
3	访问类型	用户的请求方式（POST/GET）	"GET"
4	请求页面	用户请求的URL页面	"/nstl/search.jsp"
5	检索字段	用户的检索表达式内容	"tit=New+Scientist&issn=0262-4079&year=2014&vol=192&no=2549"
6	访问协议	传输用的协议版本	"HTTP/1.1"
7	访问状态	返回给用户的状态标识	"200"
8	访问流量	服务器发送的字节	"0"

(2)日志数据挖掘模块功能设计

日志数据挖掘模块功能设计如图 7-14 所示，分析内容主要包括基础访问统计分析、恶意访问监测和访问用户分析。其中，基础访问统计分析主要是对网站的访问量、浏览时间等基础数据及其随时间的变化进行统计分析；恶意访问监测是对网络攻击和程序下载等用户恶意行为进行分析和监测；访问用户分析是对用户访问网站的行为展开分析，并在此基础上划分用户群体，以了解网站页面的关联性、用户偏好和资源的利用状况。

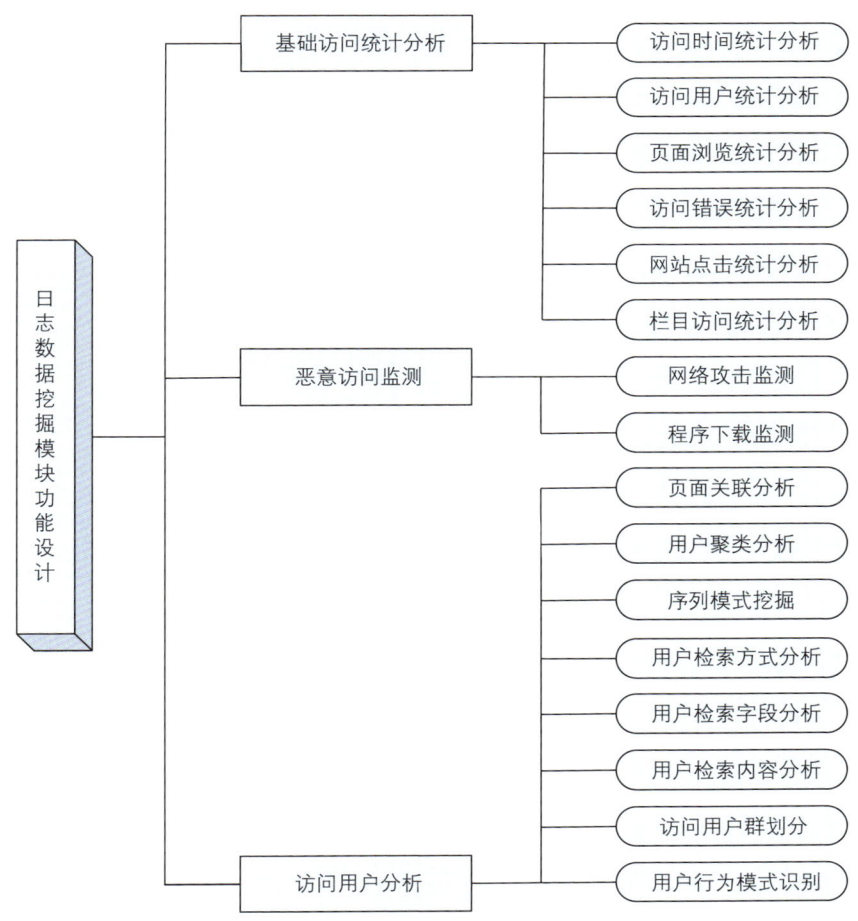

图 7-14　日志数据挖掘模块功能设计

日志数据挖掘模块包含日志用户识别、日志会话识别、日志数据路径补充、日志事务识别、基础访问统计分析、恶意访问监测、用户检索方式分析、用户检索字段分析、用户浏览内容分析等标识，具体如表7-21至表7-29所示。

表7-21　日志用户识别

类目	内容详情
功能描述	实现不同访问用户的划分
输入	基础访问日志数据
输出	访问用户表
补充说明	

表7-22　日志会话识别

类目	内容详情
功能描述	将同一个用户的访问划分成不同的会话
输入	1. 访问用户表 2. 划分条件相关选项
输出	用户会话表
补充说明	通过时间阈值划分用户会话，阈值初步定为25分钟

表7-23　日志数据路径补充

类目	内容详情
功能描述	将用户会话路径补充完整
输入	1. 用户会话表 2. 网站拓扑结构 3. 路径补充算法选项

续表

类目	内容详情
输出	用户会话完整表
补充说明	利用网站拓扑结构补充用户访问路径

表7-24 日志事务识别

类目	内容详情
功能描述	实现对用户会话的语义分组
输入	1. 用户会话完整表 2. 网络拓扑结构、日志事务识别算法
输出	日志事务表
补充说明	用最大向前访问路径算法识别日志事务

表7-25 基础访问统计分析

类目	内容详情
功能描述	实现基础访问日志数据的统计分析。分析内容包括: 1. 访问时间统计分析 2. 访问用户统计分析 3. 页面浏览统计分析 4. 访问错误统计分析 5. 网站点击统计分析 6. 栏目访问统计分析
输入	1. 基础访问日志数据和文献浏览日志 2. 选择分析内容 3. 选择生成图表格式与相关分析选项
输出	分析报告

续表

类目	内容详情
补充说明	1. 允许用户选择组合分析或单项分析 2. 实现图表的自动生成。访问时间统计分析用表格和折线图表示；访问用户统计分析、页面浏览统计分析、栏目访问统计分析和访问错误统计分析用表格和饼图表示 3. 访问时间统计分析包括不同时间标度下的访问次数、访问页面个数、访问流量、平均访问页面个数、访问失败个数和文献浏览个数；时间标度包括年、月、日、周和小时。访问次数指用户访问网站的会话数量，下同 4. 访问用户统计分析包括不同用户群体的访问次数、访问页面个数、访问流量、平均访问页面个数、文献浏览个数、最后登录时间；用户群体划分包括国家、省份、IP 地址。IP 地址后是一下拉框，允许用户取前几位（如选择 IP 地址前一位）或输入精确 IP 地址（如 192.168.1.1）展开分析。缺省情况下，按所有 IP 地址进行汇总分析。结果显示排序关键字次序为访问次数、访问页面个数和访问流量。汇总结果显示个数根据"最多显示个数"选项确定。饼图表示用于刻画不同用户群体各个单项所占比例 5. 页面/栏目浏览统计分析包括页面/栏目的访问次数、所占比例和平均浏览时间 6. 访问错误统计分析包括不同访问错误出现的次数、比例和相关页面 7. 分析参数包括时间范围、排序和最多显示个数。时间范围允许输入间隔（如 1990.01.01 to 2000.01.01）或年/月时间（如 1990.01） 8. 实现报告的自动生成，报告格式包括 word 和 ppt 9. 不实现图表颜色、大小等的调整

表 7-26 恶意访问监测

类目	内容详情
功能描述	实现对恶意网络攻击与程序下载的监测
输入	1. 基础访问日志数据 2. 恶意访问评判条件
输出	分析报告
补充说明	1. 恶意访问评判条件包括访问请求间隔和访问流量 2. 分析结果用表格表示

表 7-27 用户检索方式分析

类目	内容详情
功能描述	分析用户检索的行为习惯，分析内容包括： 1. 检索时间 2. 检索条件 3. 检索页面 4. 检索数据库
输入	基础访问日志数据
输出	分析结果
补充说明	分析结果用表格、饼图表示

表 7-28 用户检索字段分析

类目	内容详情
功能描述	实现对用户检索词的分析统计，分析内容包括： 1. 检索词个数 2. 检索常用词
输入	基础访问日志数据
输出	分析结果
功能隶属	高级用户、超级用户
补充说明	分析结果用表格、饼图表示

表 7-29 用户浏览内容分析

类目	内容详情
功能描述	分析用户文献浏览状况，分析内容包括： 1. 浏览文献分析 2. 浏览期刊分析 3. 浏览文献数据库分析
输入	用户文献浏览数据

续表

类目	内容详情
输出	分析结果
补充说明	分析结果用表格、饼图表示

7.2.7　用户与服务监测模块

用户与服务监测模块主要涉及服务监测标识，具体如表7-30所示。

表7-30　服务监测

类目	内容详情
功能描述	对图书馆服务状况进行监测分析。内容包括： 1. 服务量分析 2. 用户构成变化
输入	1. 选择分析内容 2. 输入相关参数
输出	分析报告
功能隶属	高级用户、超级用户
补充说明	1. 页面框架如图7-15所示 2. 允许用户选择组合分析或单项分析。组合分析：用户先选择分析内容和分析选项，然后点击"分析"键。单项分析：用户既可以在选择单项分析内容后点击"分析"键，也可以直接点击分析内容项，如点击"订单统计"。分析结果将展示在右侧框架中 3. 服务量分析用表格和折线图表示。用户构成变化用表格和饼图表示 4. 时间范围允许输入间隔（如 1990.01.01 to 2000.01.01）或年/月时间（如 1990.01） 5. 实现报告的自动生成，包括 word、ppt 格式 6. 不实现图表颜色、大小等的调整

第7章 用户画像系统功能设计

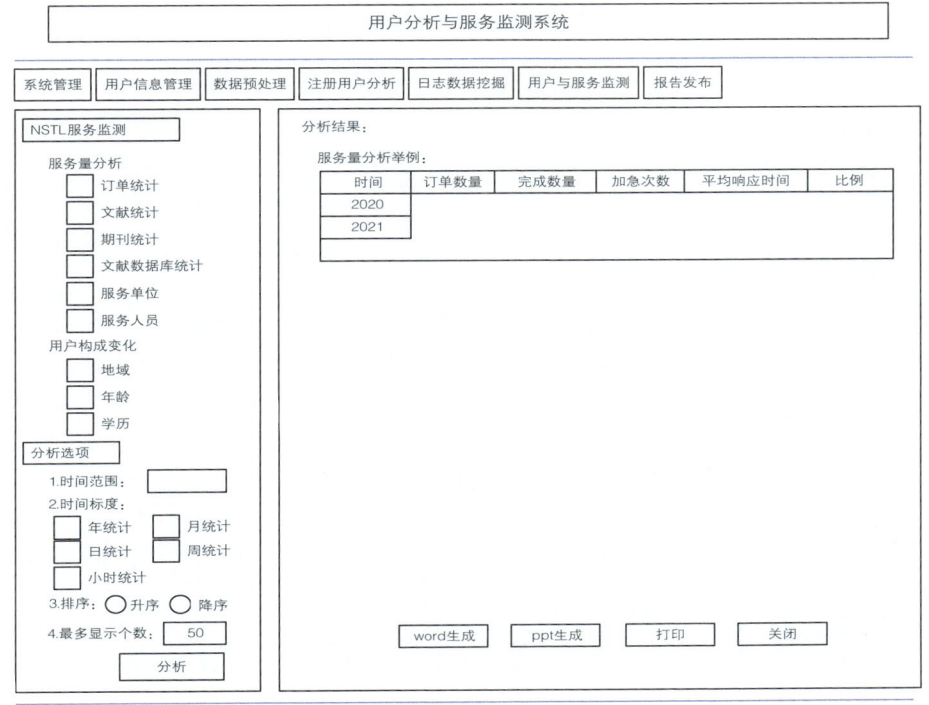

图 7-15 服务监测页面框架

7.2.8 报告发布模块

报告发布模块（图 7-16）包含近期报告列表、分析报告查询、分析报告管理等标识，具体如表 7-31 至表 7-33 所示。

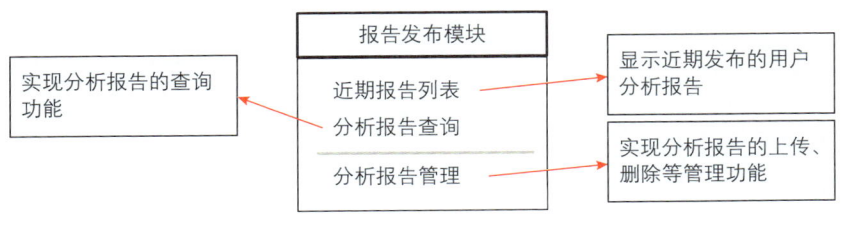

图 7-16 报告发布模块

表 7-31　近期报告列表

类目	内容详情
功能描述	显示近期发布的用户分析报告
输入	
输出	
功能隶属	所有用户
补充说明	1. 报告格式为 word 或 pdf，允许用户查看或下载分析报告 2. 提供翻页功能，直至显示所有分析报告 3. 页面框架如图 7-17 所示

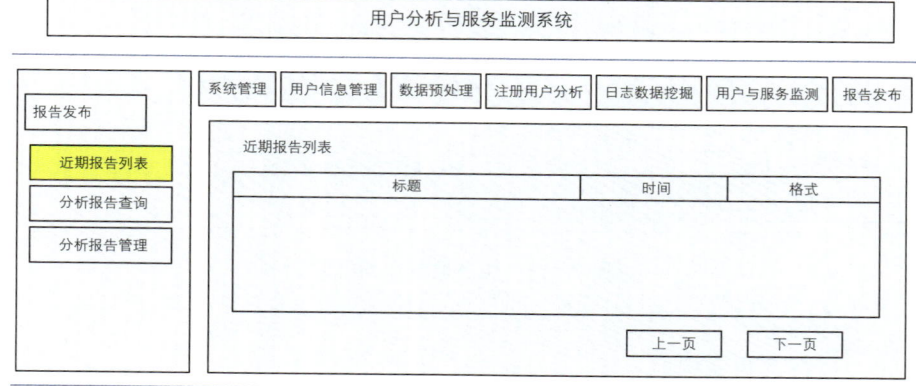

图 7-17　近期报告列表页面框架

表 7-32　分析报告查询

类目	内容详情
功能描述	实现分析报告的查询功能
输入	标题、发布时间
输出	分析报告
功能隶属	所有用户

续表

类目	内容详情
补充说明	1. 允许用户查看或下载分析报告 2. 页面框架如图 7-18 所示

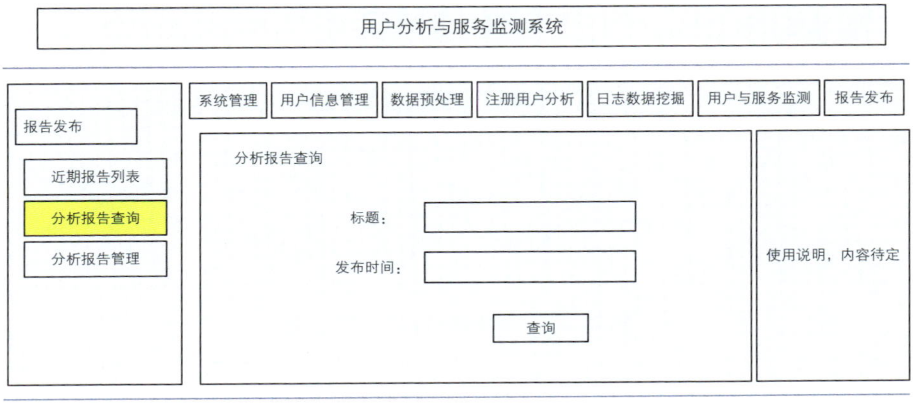

图 7-18　分析报告查询页面框架

表 7-33　分析报告管理

类目	内容详情
功能描述	实现分析报告的上传、删除等管理功能
输入	
输出	
功能隶属	超级用户
补充说明	1. 上传分析报告格式为 word 或 pdf 2. 上传、删除报告的同时，记录操作人和操作时间 3. 删除的报告文档转移到备份数据表，报告删除后同时更新近期报告列表 4. 页面框架如图 7-19 所示

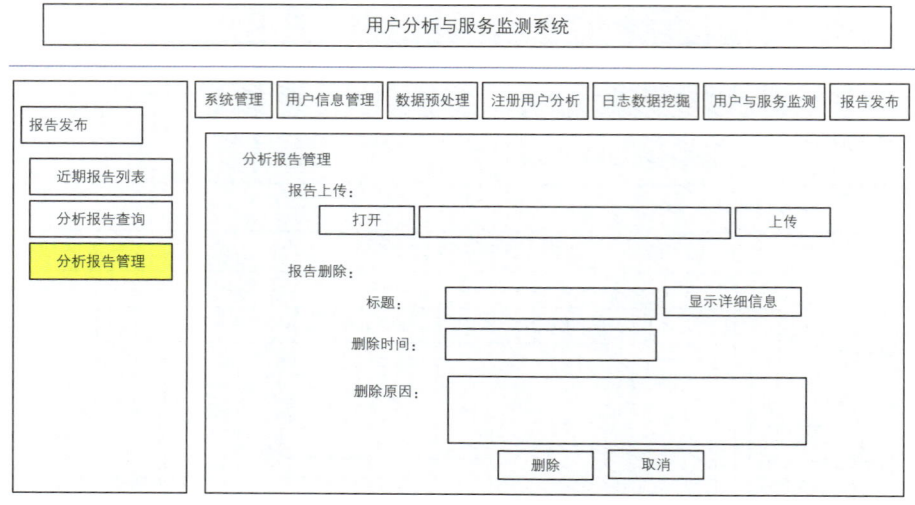

图 7-19　分析报告管理页面框架

7.2.9　系统功能汇总

系统功能汇总如表 7-34 所示。

表 7-34　系统功能汇总

模块	标识	功能描述
数据预处理	注册用户信息导入	实现注册用户信息的数据库导入
	订单信息导入	实现订单信息的数据库导入
	订单文献信息导入	实现订单文献信息的数据库导入
	基础访问日志导入	实现基础访问日志的数据库导入
	文献浏览日志导入	实现文献浏览日志的数据库导入
	IP 地址解析	对日志数据的 IP 地址进行解析，判断其地理位置和可能存在的网站
	数据整合	实现注册用户数据、日志数据的整合对接

续表

模块	标识	功能描述
注册用户分析	用户基本信息分析	实现注册用户数据的统计分析
	订单信息分析	实现注册用户订单数据的统计分析
	订单服务分析	对订单处理人/单位的服务状况进行分析
	高频订单用户数据生成	实现高频订单用户数据的生成与导出
	高频订单文献数据生成	实现高频订单文献数据的生成与导出
	资源利用分析	对期刊文献资源的利用状况展开分析
日志数据挖掘	日志用户识别	实现不同访问用户的划分
	日志会话识别	将同一个用户的访问划分成不同的会话
	日志数据路径补充	将用户会话路径补充完整
	日志事务识别	实现对用户会话的语义分组
	基础访问统计分析	实现基础访问日志数据的统计分析
	恶意访问监测	实现对恶意网络攻击与程序下载的监测
	用户检索方式分析	分析用户检索的行为习惯
	用户检索字段分析	实现对用户检索词的分析统计
	用户浏览内容分析	分析用户文献浏览状况
用户与服务监测	服务监测	对图书馆服务状况进行监测分析

第 8 章

实证分析

本章以国家科技图书文献中心（NSTL）的用户数据为基础，结合前面章节用户画像系统设计的功能模块，进行实证分析。

8.1 用户类型划分

用户细分是用户画像研究中的一项基本内容，是开展用户分析的基础。下面分别对网上用户、注册用户、缴费用户进行划分并详细论述。

8.1.1 网上用户划分

根据用户与 NSTL 的交互程度，NSTL 用户可划分为网上用户、注册用户和缴费用户（图 8–1）。

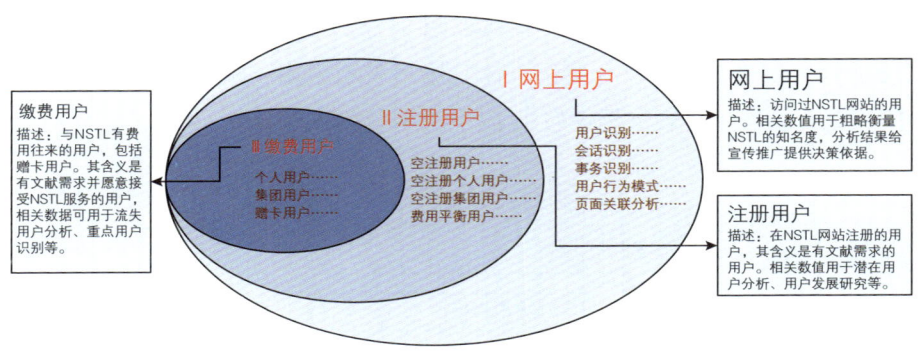

图 8-1 NSTL 用户划分

8.1.2 注册用户划分

NSTL 网上注册方式有个人用户注册和集团用户注册两种，集团用户包括集团注册用户和集团从属用户，图 8-2 展示了 NSTL 注册用户划分。

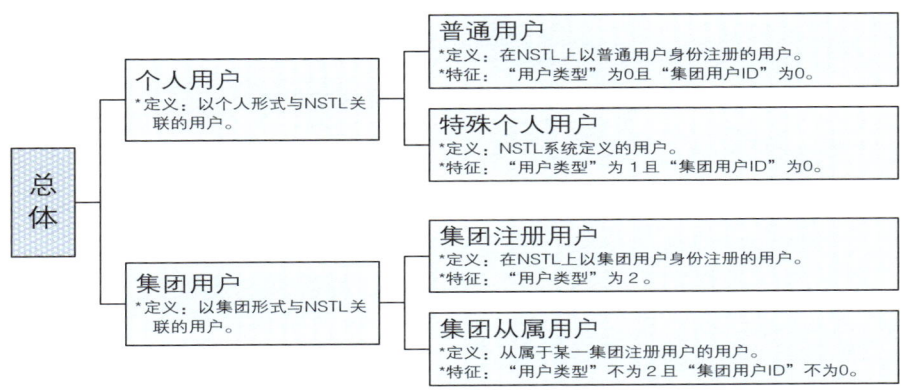

图 8-2 NSTL 注册用户划分

8.1.3 缴费用户划分

NSTL 注册用户可分为缴费用户和空注册（未缴费）用户两大类，缴费用户可划分为缴费个人用户、缴费集团用户和赠卡用户，赠卡用户可分为未启用用户、体验用户和续费用户，具体如图 8-3 所示。其中，未启用用户表示获得了 NSTL 赠卡但并没有启用，体验用户表示启用了赠卡但只使用了赠卡中的资金，续费用户表示不仅启用了赠卡而且续费。

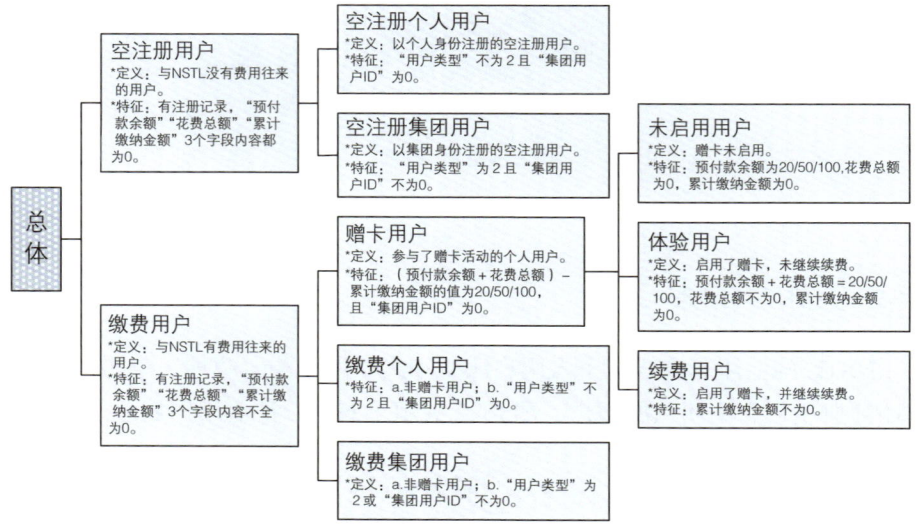

图 8-3 按缴费状况划分 NSTL 用户

8.2 网上用户特征分析

网上用户是指访问过 NSTL 的全部用户，包括未注册用户、注册用户、缴费用户等所有用户。

8.2.1 网上用户页面访问量分析

对 NSTL 网上用户页面访问量按年、月、周、小时等访问特征统计，汇总如下。可以看出：①按年份统计，2016—2019 年访问量基本平稳，2018 年的修正访问量较大；②按月份统计，访问量较高的月份包括 1 月、3 月、4 月、5 月、6 月、9 月、11 月、12 月，总体上，上半年的访问量高于下半年的访问量；③按周统计，工作日访问量总体平稳，周末访问量依然维持在较高水平；④按小时统计，每天访问量高峰出现在10：00—11：00和16：00—17：00，总体上，下午的访问量高于上午的访问量（表8-1、图8-4至图8-6）。

表8-1 页面访问量年份分布

年份	访问量/次	修正访问量/次	修正增长率	图形表示
2016	22 787 250	22 787 250	—	
2017	32 875 258	32 875 258	44.3%	
2018	28 144 507	42 216 761	28.4%	
2019	23 704 247	23 704 247	-43.9%	

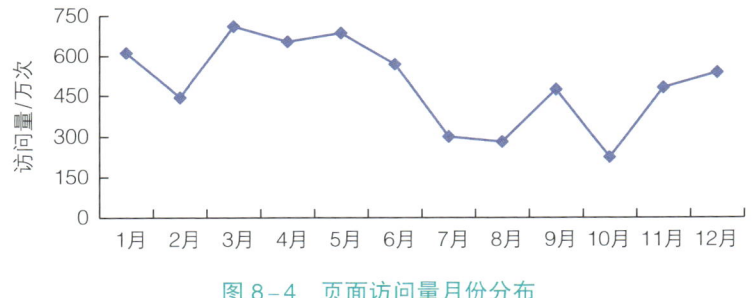

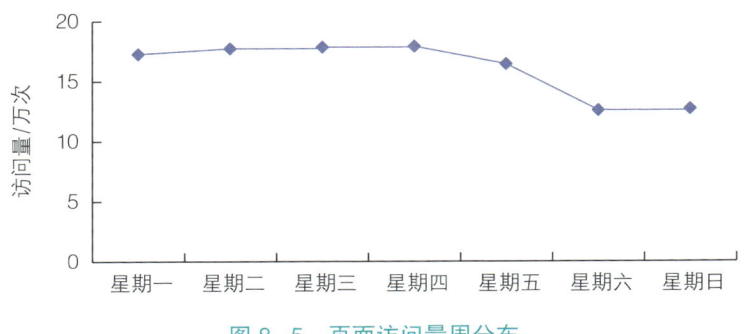

图8-4 页面访问量月份分布

图8-5 页面访问量周分布

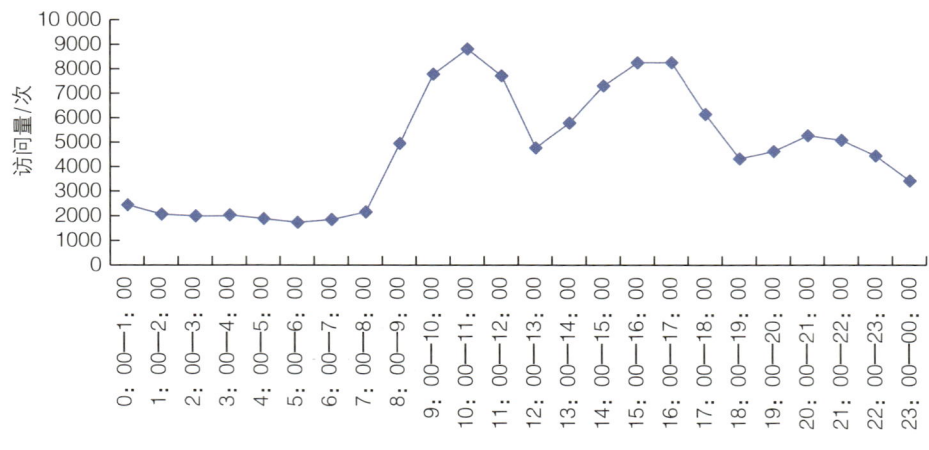

图 8-6　页面访问量小时分布

8.2.2　网上用户地域分析

对访问用户的 IP 地址进行解析，用户访问量排名前九的国家如表 8-2 所示。

表 8-2　网上用户国家分布

序号	国家	访问量/次	访问页面个数/个	平均访问页面/个	平均访问流量/Byte
1	中国	4 301 392	96 859 243	22.52	182.04
2	美国	1 196 132	11 714 785	9.79	81.95
3	英国	12 847	64 500	5.02	33.39
4	日本	11 778	84 272	7.16	64.8
5	德国	10 525	58 670	5.57	37.55
6	韩国	10 163	63 293	6.23	32.46
7	欧洲	7053	179 930	25.51	450.9
8	加拿大	5156	64 799	12.57	152.71
9	法国	4769	18 829	3.95	26.08

国内网上用户访问量、访问页面个数、平均访问页面、平均访问流量的省份分布如表 8-3 所示。

表 8-3 国内网上用户省份分布

序号	省份	访问量/次	访问页面个数/个	平均访问页面/个	平均访问流量/Byte
1	北京市	969 522	40 655 335	41.93	516.94
2	江苏省	309 884	5 696 507	18.38	49.57
3	广东省	301 833	4 058 410	13.45	138.65
4	浙江省	251 712	3 646 286	14.49	44.49
5	陕西省	216 581	3 675 693	16.97	44.46
6	四川省	192 136	3 239 702	16.86	48.79
7	辽宁省	187 966	3 321 126	17.67	52.38
8	上海市	184 687	2 871 634	15.55	50.43
9	湖北省	180 145	2 747 986	15.25	43.61
10	山东省	178 355	2 712 497	15.21	52.61
……					
25	贵州省	47 406	500 230	10.55	21.67
26	新疆维吾尔自治区	30 889	576 820	18.67	51.71
27	台湾地区	26 158	143 140	5.47	55.59
28	内蒙古自治区	22 490	343 377	15.27	28.33
29	海南省	20 306	374 590	18.45	30.47
30	宁夏回族自治区	15 565	374 465	24.06	41.37
31	青海省	8192	181 010	22.10	38.79
32	香港	7532	47 437	6.30	31.51
33	西藏自治区	734	10 233	13.94	25.72
34	澳门	647	6090	9.41	46.56

从中可以看出：①无论是访问量、访问页面个数，还是平均访问流量，来自国外的访问都达到了令人意外的比例。在国外访问中，访问主要来自美国，通过进一步 IP 地址解析，了解到主要来自联合航空通信网络（西部/西北部通用）。②国内访问中，来自北京市的用户访问量排名第一，其次是江苏省、广东省等，排名前十的省份大多是经济较发达地区。整体上讲，国内用户访问存在明显的地域不平衡现象，西部省份所占比例明显较低。网上用户的访问量可以作为服务站发展和评价的参考因素之一。

8.2.3 网上用户栏目访问量分析

表 8-4 为 NSTL 系统中主要的一级栏目的访问情况统计，可以看出：除"文献检索"外，"用户热线"也占据相当一部分比例。系统的栏目访问较为分散，"自助中心""全文文献""帮助"等栏目也有一定比例。

表 8-4 栏目访问情况统计

栏目	访问量/次	比例	平均浏览时间/小时
文献检索	813 663	45.69%	0.34
用户热线	665 268	37.36%	1.78
自助中心	143 884	8.08%	0.86
全文文献	88 535	4.97%	1.26
帮助	44 470	2.50%	3.04
代查代借	24 764	1.39%	0.88
参考咨询	170	0.01%	0.52
预印本服务	77	0.00%	0.00

8.3 注册用户特征分析

8.3.1 注册用户数量

表 8-5 为注册用户数量的年份分布,可以看出:

① 2012—2020 年,缴费用户数量不断增长并趋于相对平稳(图 8-7),缴费集团用户数量在 2016—2018 年呈现明显增长态势,缴费的集团从属用户数量已超过缴费个人用户,是这几年缴费用户总体数量增长的主要原因,表明集团用户发展工作卓有成效;

② 每年订购用户数量是指在当年订购过 NSTL 文献的用户数量。截至 2019 年,共有 28 022 个用户订购过 NSTL 文献,订购用户数量的年均增长率约为 20%。

表 8-5 注册用户数量的年份分布　　单位:个

年份	注册用户		缴费用户		订购用户
	新增	累计	新增	累计	
2016	50 198	155 153	5776	21 368	5263
2017	54 778	209 931	8609	29 977	6447
2018	55 347	265 278	11 437	41 414	7615
2019	46 578	311 856	7986	49 400	8349

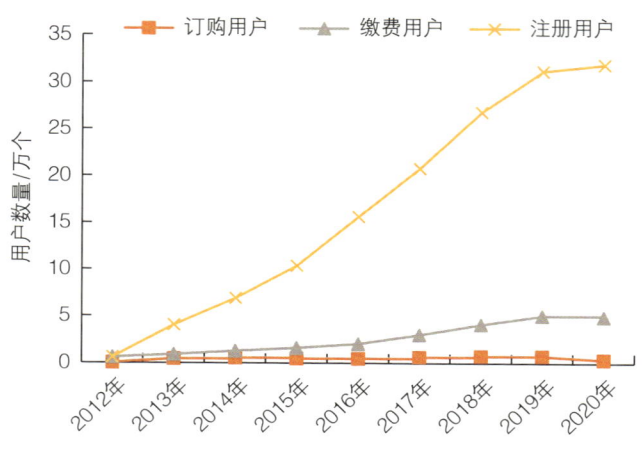

图 8-7 注册用户数量

8.3.2 注册用户年龄分布

NSTL 注册用户的年龄分布如图 8-8 所示，从中可以看出，个人用户和空注册个人用户中，21～30 岁的用户占较大比例；缴费个人用户、赠卡用户和集团从属用户中，21～40 岁的用户占较大比例。由此可知，21～40 岁年龄段用户占绝对比例。

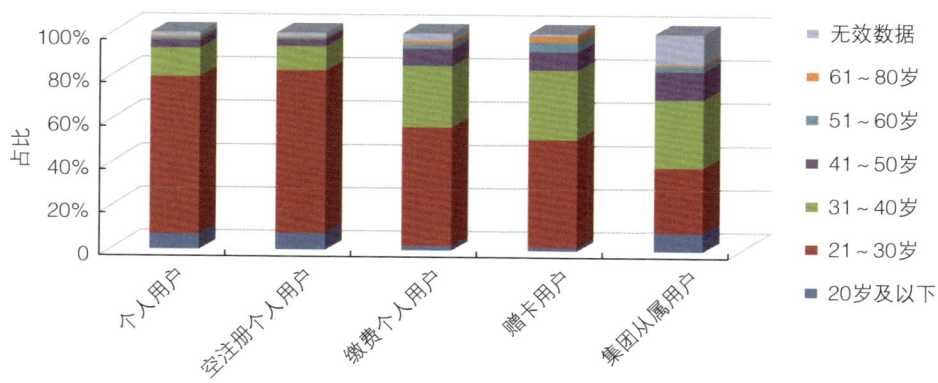

图 8-8 注册用户年龄分布

8.3.3 注册用户地域分布

注册用户地域分布如表8-6所示，可以看出：

①北京市、浙江省和江苏省位居注册用户数量的前三。注册用户地域分布不均衡，北京市明显高于其他省份，科技大省或高校集中的省份注册用户相对较多，排名靠后的10个省份（港澳台除外）大部分是西部的欠发达地区；②北京市、浙江省和四川省位居缴费用户数量的前三，注册用户的省份排名与缴费用户的省份排名有一定差异，缴费用户占比的省份排名与注册用户相比变化较大，黑龙江省、重庆市、甘肃省、云南省等科技欠发达地区的排名大幅提升；③注册用户数量也可作为NSTL服务站发展和评价的参考因素。

表8-6 注册用户地域分布（前10位和后10位）

序号	省份	注册用户数量/个	占比	缴费用户数量/个	占比
1	北京市	65 201	20.4%	15 641	31.0%
2	浙江省	24 395	7.6%	6892	13.7%
3	江苏省	23 377	7.3%	2447	4.9%
4	广东省	16 607	5.2%	1217	2.4%
5	辽宁省	15 794	4.9%	1193	2.4%
6	四川省	16 162	5.1%	3990	7.9%
7	山东省	13 145	4.1%	974	1.9%
8	陕西省	13 047	4.1%	2022	4.0%
9	湖北省	12 633	4.0%	889	1.8%
10	上海市	10 955	3.4%	1145	2.3%
11	河北省	10 237	3.2%	723	1.4%
......					
22	山西省	4606	1.4%	502	1.0%
23	云南省	4580	1.4%	1231	2.4%

续表

序号	省份	注册用户数量/个	占比	缴费用户数量/个	占比
24	新疆维吾尔自治区	3686	1.2%	242	0.5%
25	广西壮族自治区	3929	1.2%	265	0.5%
26	贵州省	2184	0.7%	338	0.7%
27	内蒙古自治区	2101	0.7%	142	0.3%
28	海南省	1225	0.4%	78	0.2%
29	宁夏回族自治区	961	0.3%	63	0.1%
30	青海省	826	0.3%	132	0.3%
31	西藏自治区	158	0.0%	6	0.0%

8.3.4 注册用户学历分布

对NSTL注册用户的学历进行统计，在缴费个人用户中，研究生及以上学历占比较大，表明高学历科研人员使用NSTL资源较多（图8-9）。

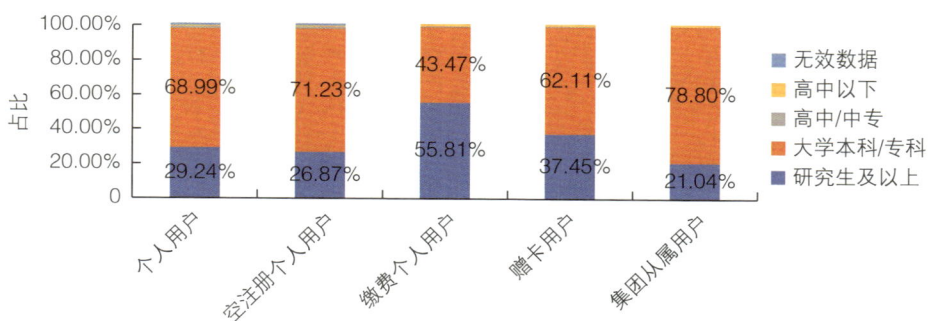

图8-9 注册用户学历分布

8.3.5 注册用户职业分布

对 NSTL 注册用户的职业进行统计,在个人用户、空注册个人用户、缴费个人用户、赠卡用户和集团从属用户中,"科研/教育"用户和"学生"用户占较大比例,反映出"科研/教育"用户和"学生"用户注册的随意性和对文献需求的非刚性(图 8-10)。

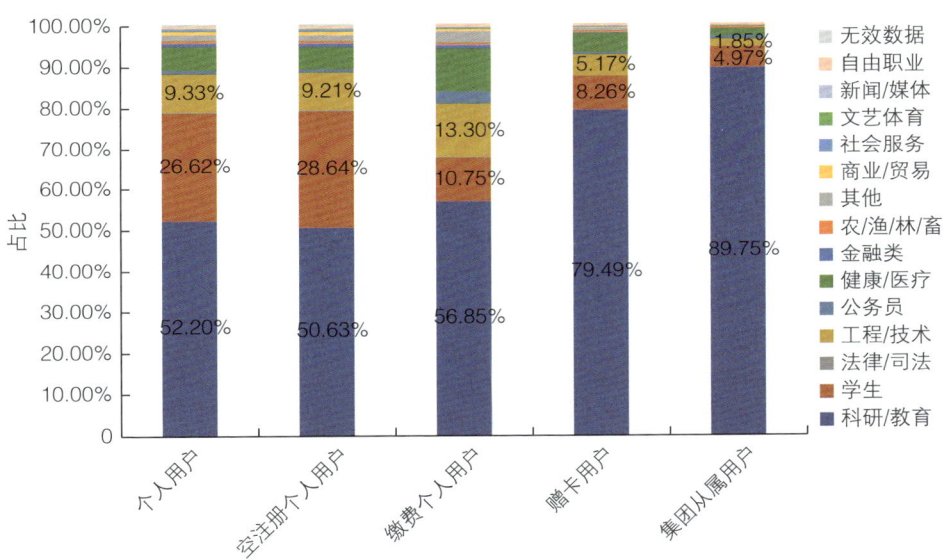

图 8-10 注册用户职业分布

8.3.6 注册用户机构分布

对 NSTL 部分注明机构信息的注册用户进行统计:①注册用户中,来自高校等教育机构的用户占了绝大多数,其他机构的用户均比较少,农业机构、部队用户最少(图 8-11);②在缴费用户中,教育机构的用户占比大幅下降,来自科研机构、医疗卫生机构和企业的用户占比上升。

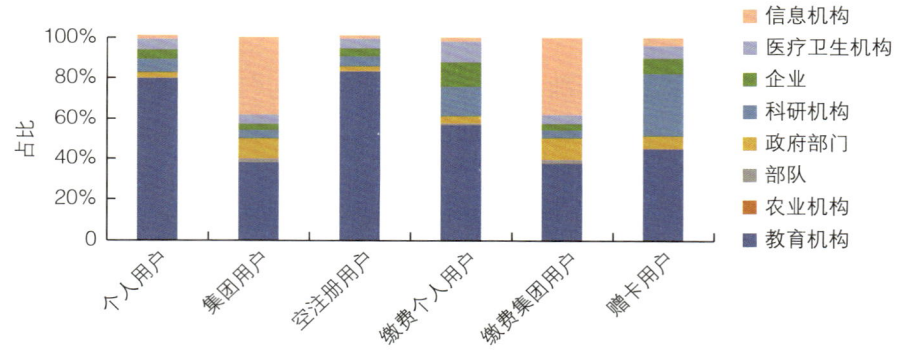

图 8-11 注册用户机构分布

进一步分析表明,NSTL 订购用户一半以上来自教育机构,其次是科研机构和企业。教育机构订购用户数量虽多,但人均订购量少,订单数量不到总量的 1/3,科研机构和企业订购用户数量虽然明显少于教育机构,但人均订购量多,订单数量与教育机构相差不大(表 8-7)。NSTL 注册用户基本形成了教育机构、科研机构和企业三分的格局。

表 8-7 各类机构订购用户及订单分析

机构类型	订购用户数量/个	订单数量/个	人均订购量/个	订单占比
教育机构	7532	237 623	31.5	26.90%
农业机构	7	995	142.1	0.11%
部队	88	6038	68.6	0.68%
政府部门	515	41 857	81.3	4.74%
科研机构	2691	205 607	76.4	23.28%
企业	1646	162 685	98.8	18.42%
医疗卫生机构	1369	50 840	37.1	5.76%
信息机构	447	177 650	397.4	20.11%
总计	14 295	883 295	—	—

8.4 集团用户特征分析

8.4.1 集团用户注册与缴费年份分布

表 8-8 为 NSTL 集团用户注册与缴费年份分布，可以看出，集团从属用户注册数量增长较快。集团用户转化为缴费用户的比例远高于个人用户，说明集团用户注册的目的性较强，用户发展效率高（图 8-12）。

表 8-8 集团用户注册与缴费年份分布　　　　　　　　　　　单位：个

年份	集团注册用户				集团从属用户			
	注册新增	注册累计	缴费新增	缴费累计	注册新增	注册累计	缴费新增	缴费累计
2012	5	5	5	5	395	395	395	395
2013	59	64	58	63	1318	1713	1289	1684
2014	215	279	211	274	720	2433	657	2341
2015	151	430	62	336	559	2992	522	2863
2016	235	665	30	366	2037	5029	1967	4830
2017	290	955	34	400	4792	9821	4287	9117
2018	290	1245	71	471	4852	14 673	4607	13 724
2019	246	1491	42	513	3899	18 572	3849	17 573
2020	212	1703	2	515	428	19 000	209	17 782
合计	1703	—	515	—	19 000	—	17 782	—

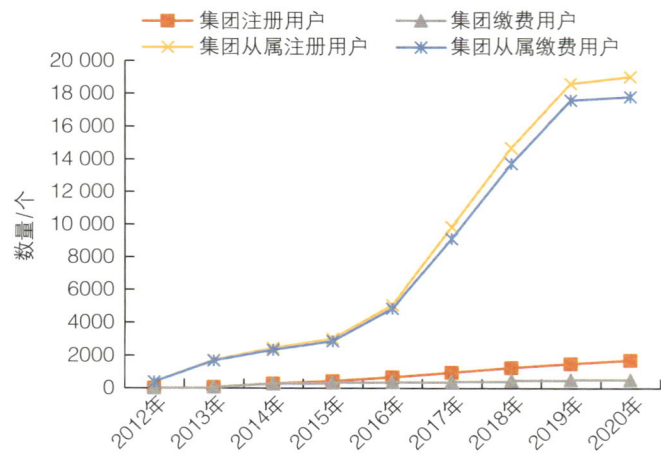

图 8-12　集团用户注册与缴费对比

NSTL累计集团注册用户1703个，集团缴费用户515个，集团从属缴费用户17 782个。

表8-9为NSTL缴费集团用户下的从属用户规模分布。

表8-9　集团从属用户规模分布

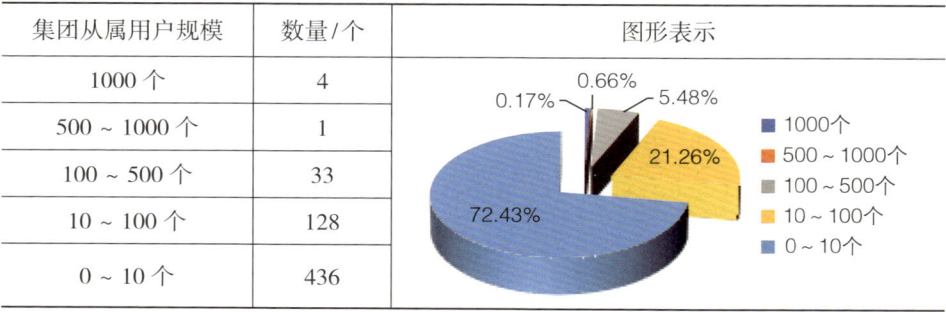

集团从属用户规模	数量/个	图形表示
1000个	4	
500～1000个	1	
100～500个	33	
10～100个	128	
0～10个	436	

8.4.2　缴费集团用户地域分布

表8-10为NSTL缴费集团用户的地域分布，缴费集团注册用户较多的省份为云南省、四川省、北京市、浙江省、甘肃省、陕西省等，几个西北和西南不发达省份出乎意料地排位靠前。

表 8-10 缴费集团用户地域分布（前 10 位）

序号	缴费集团注册用户			缴费集团从属用户		
	省份	数量/个	占比	省份	数量/个	占比
1	云南省	190	36.89%	北京市	5804	32.68%
2	四川省	77	14.95%	浙江省	5800	32.65%
3	北京市	60	11.65%	四川省	3181	17.91%
4	浙江省	35	6.80%	云南省	393	2.21%
5	甘肃省	33	6.41%	江苏省	375	2.11%
6	陕西省	31	6.02%	重庆市	234	1.32%
7	江苏省	11	2.14%	甘肃省	229	1.29%
8	重庆市	7	1.36%	陕西省	201	1.13%
9	新疆维吾尔自治区	7	1.36%	山西省	154	0.87%
10	上海市	6	1.17%	贵州省	138	0.78%

8.4.3 缴费集团用户机构分布

表 8-11 为 NSTL 缴费集团用户机构类型统计，缴费集团用户中教育机构和科研机构数量各占约 30%，企业和政府部门次之。进一步分析还发现，在 134 个教育机构用户中，有 99 个为非"双一流"院校；136 个科研机构用户中，34 个为中央所属科研院所，102 个为省市级科研机构。总体来说，NSTL 的缴费集团用户更多地来自非"双一流"院校和省市级科研机构。

表 8–11　缴费集团用户机构分布

机构类型		数量/个	数量占比	高订购占比
企业		88	19.6%	28.6%
科研机构		136	30.4%	28.5%
教育机构	大学/学院	54	12.1%	22.6%
	高校图书馆	80	17.9%	9.8%
医疗卫生机构		19	4.2%	4.6%
信息机构		24	5.4%	2.8%
政府部门		45	10.0%	2.0%
部队		2	0.4%	0.9%
无法确定		67	—	—

8.4.4　集团订购用户分析

表 8–12 为 2012—2020 年集团订购用户数量与订单状况。从中可以看出：①集团用户订单数量增长较快，2013—2020 年每年都会有集团从属用户订购 NSTL 文献。2019 年集团订购用户数量约占全部订购用户数量的 1/4，而订单数量约占 1/2；②集团用户的人均订购量较大，说明集团用户发展效率高、效果好。

表 8–12　集团订购用户数量与订单状况

年份	集团订购用户数量/个	集团用户订单数量/个	订单总数/个	占比
2012	0	0	277	0
2013	164	1482	113 591	1.30%
2014	508	9151	109 443	8.36%
2015	650	18 355	125 644	14.61%

续表

年份	集团订购用户数量/个	集团用户订单数量/个	订单总数/个	占比
2016	732	34 908	145 593	23.98%
2017	973	113 580	239 084	47.51%
2018	1260	132 482	278 948	47.49%
2019	2109	168 776	343 903	49.08%
2020	884	47 265	84 363	56.03%
总计	—	525 999	1 440 846	36.51%

8.5 赠卡用户特征分析

8.5.1 赠卡用户注册年份分布

对赠卡用户的注册年份进行统计（表8-13、图8-13），可以看出，NSTL累计发放赠卡11 933张，其中启用赠卡4617张，占38.69%。1564个用户使用赠卡后续费，占启用赠卡总数的33.9%，赠卡用户的缴费转化率高于注册用户的缴费转化率，说明赠卡发放是NSTL发展用户的一个有效渠道，并取得了较好的实际效果。另外，随着赠卡发放数量的增加，体验用户数量相应增加，但续费用户数量并未明显增加。如何有效控制赠卡发放数量，需要深入探索。

表8-13 赠卡用户注册年份分布

年份	赠卡用户数量/个	未启用用户		体验用户		续费用户	
		数量/个	占比	数量/个	占比	数量/个	占比
2012	273	1	0.37%	7	2.56%	265	97.07%
2013	183	17	9.29%	10	5.46%	156	85.25%
2014	157	9	5.73%	5	3.18%	143	91.08%
2015	460	136	29.57%	88	19.13%	236	51.30%

续表

年份	赠卡用户数量/个	未启用用户		体验用户		续费用户	
		数量/个	占比	数量/个	占比	数量/个	占比
2016	2232	1441	64.56%	444	19.89%	347	15.55%
2017	2124	1315	61.91%	655	30.84%	154	7.25%
2018	4339	3159	72.80%	1051	24.22%	129	2.97%
2019	1926	1119	58.10%	716	37.18%	91	4.72%
2020	239	119	49.79%	77	32.22%	43	17.99%
合计	11 933	7316	61.31%	3053	25.58%	1564	13.11%

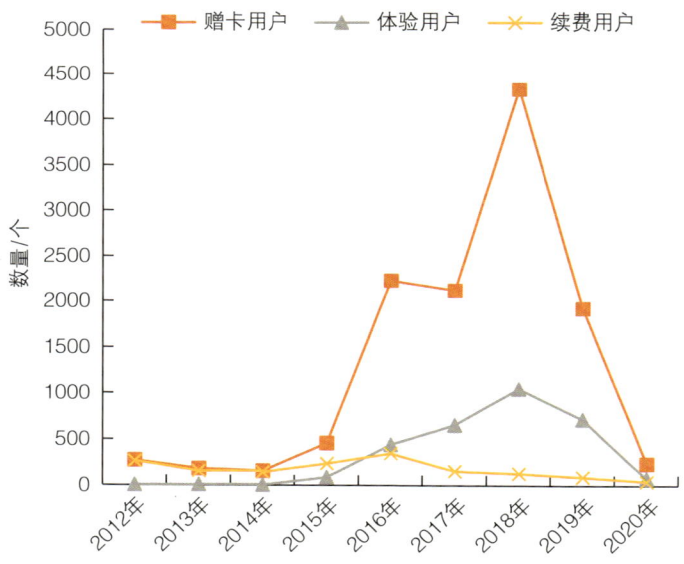

图 8-13 赠卡用户注册年份分析对比

8.5.2 赠卡用户地域分布

赠卡用户地域分布如表 8-14 所示，从中可以看出：①北京市和黑龙江省为赠卡用户主要投放地区，两者续费用户占比均不足 10%，江苏省、云南省、山东省、上海市、广东省等的续费用户占比较高，甘肃省、辽宁省等的续费用户占比较低；②黑龙江省未启用用户占比高达80.03%。

表8-14 赠卡用户地域分布（前15位）

省份	赠卡用户数量/个	未启用用户		体验用户		续费用户	
		数量/个	占比	数量/个	占比	数量/个	占比
北京市	4920	2939	59.74%	1577	32.05%	404	8.21%
黑龙江省	2349	1880	80.03%	321	13.67%	148	6.30%
陕西省	575	384	66.78%	113	19.65%	78	13.57%
甘肃省	552	392	71.01%	124	22.46%	36	6.52%
辽宁省	443	295	66.59%	119	26.86%	29	6.55%
江苏省	395	198	50.13%	90	22.78%	107	27.09%
四川省	199	111	55.78%	43	21.61%	45	22.61%
云南省	325	117	36.00%	102	31.38%	106	32.62%
天津市	183	87	47.54%	71	38.80%	25	13.66%
山东省	170	77	45.29%	34	20.00%	59	34.71%
湖北省	211	107	50.71%	75	35.55%	29	13.74%
浙江省	115	57	49.57%	28	24.35%	30	26.09%
上海市	126	38	30.16%	34	26.98%	54	42.86%
广东省	105	32	30.48%	15	14.29%	58	55.24%
吉林省	109	71	65.14%	24	22.02%	14	12.84%

8.6 NSTL资源利用分析

本部分利用用户订单数据和日志数据对资源利用状况进行分析，以了解用户文献需求特征，为改进资源建设和服务用户工作提供参考。

8.6.1 资源利用的数量统计

（1）全文请求数量

截至 2020 年，共有全文请求 1 722 957 份。表 8-15 为全文请求年份分布，2016 年以后 NSTL 全文请求数量呈加速增长趋势。

表 8-15 全文请求年份分布

年份	数量/份	增长率
2012	277	—
2013	113 591	—
2014	109 443	-3.65%
2015	125 644	14.80%
2016	145 593	15.88%
2017	239 084	64.21%
2018	278 948	16.67%
2019	347 851	24.70%
2020	362 526	4.22%
合计	1 722 957	—

（2）文摘浏览量

NSTL 系统文摘浏览量如表 8-16 所示，2019 年文摘浏览量达到了 745 万次。

表 8-16　文摘浏览量年份分布

年份	浏览量/次
2016	2 442 920
2017	2 324 366
2018	3 179 603
2019	7 450 152

8.6.2　资源利用的馆藏单位分析

（1）全文请求的馆藏单位分布

2012—2020 年，NSTL 全文请求的馆藏单位分布如图 8-14 所示。前 3 位分别为中国科学技术信息研究所、中国医学科学院图书馆和中国科学院文献情报中心。

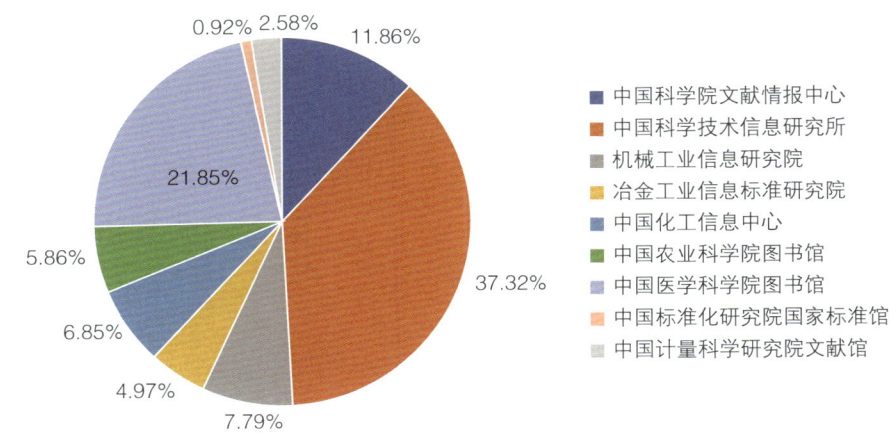

图 8-14　全文请求的馆藏单位分布

（2）文摘浏览的馆藏单位分布

网上文摘浏览的馆藏单位分布如图 8-15 所示，文摘浏览次数前 3 位是中国科学技术信息研究所、中国科学院文献情报中心和中国医学科学院图书馆，总体分布与全文请求的馆藏单位分布基本相同。

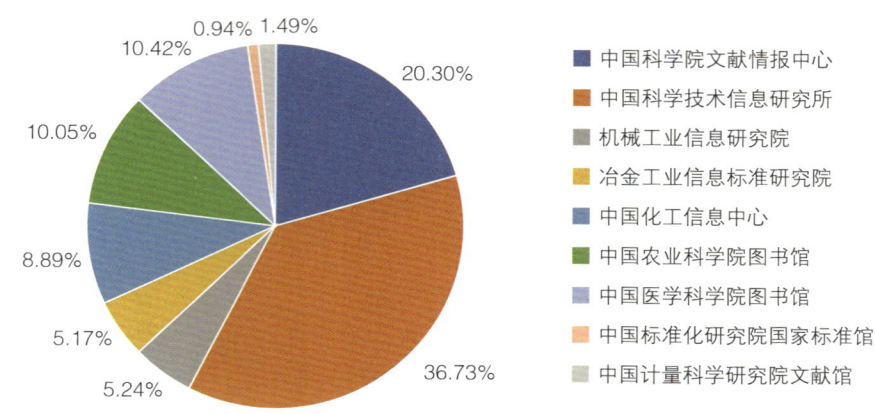

图 8-15　文摘浏览的馆藏单位分布

8.6.3　资源利用的文献类型分析

（1）全文请求的文献类型分布

全文请求的文献类型分布如图 8-16 所示。NSTL 全文请求数量最大的为外文期刊（不包括日文期刊和俄文期刊），所占比例高达 53%，其次是中文期刊和外文会议论文，占比分别为 19.6% 和 10.6%，这三者总和已占全文请求总量的 83.2%。

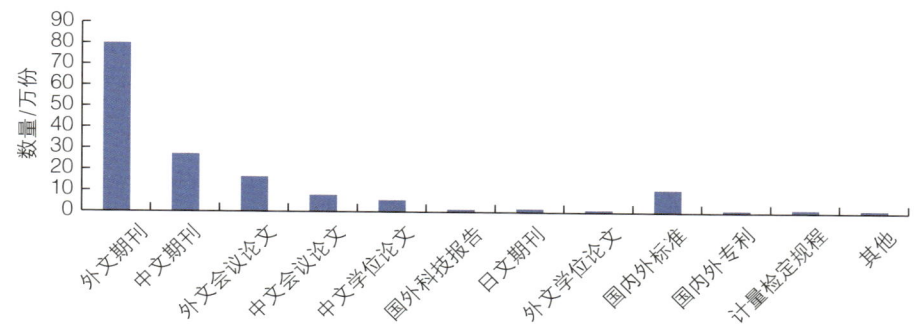

图 8-16　全文请求的文献类型分布

图8-17是对缴费个人用户、缴费集团用户和赠卡用户不同文献类型全文请求的统计。与个人用户相比，集团用户对外文期刊的需求和利用程度更高。

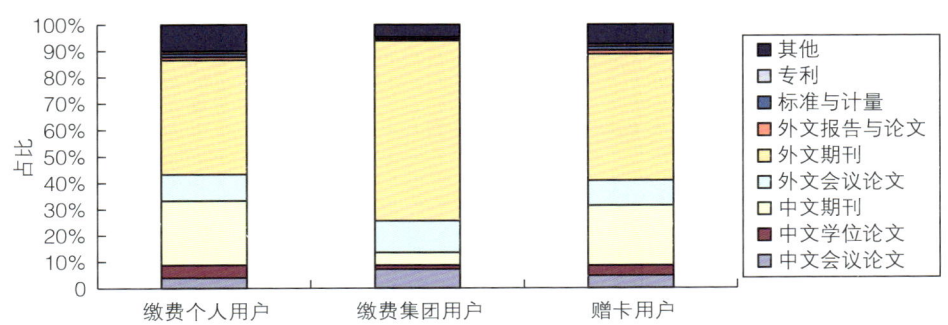

图8-17 各类型用户全文请求的文献类型分布

图8-18是对订单数量较大的北京、江苏、广东和四川等地全文请求的文献类型的统计结果。北京、江苏、广东等地对外文期刊的需求较高，占到总数的近60%，同时广东、四川两地对中文期刊的需求也较高。

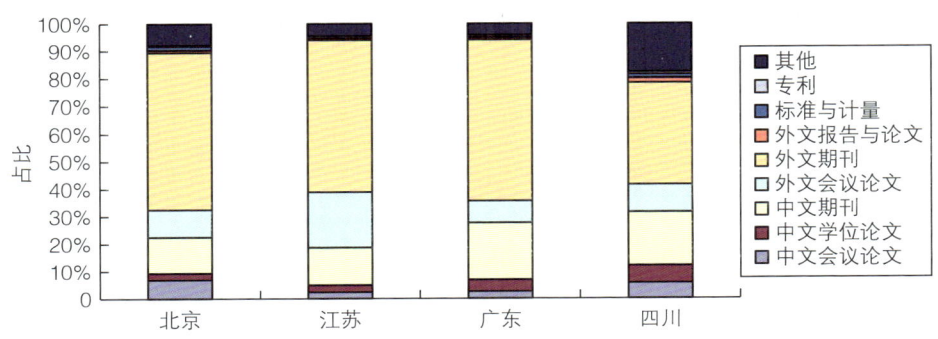

图8-18 不同地区用户全文请求的文献类型分布

图8-19是对不同学历用户全文请求的文献类型的统计结果。可以看出，大学本科及以上学历用户的文献需求以外文文献为主，而低学历用户对中文文献的需求较大。

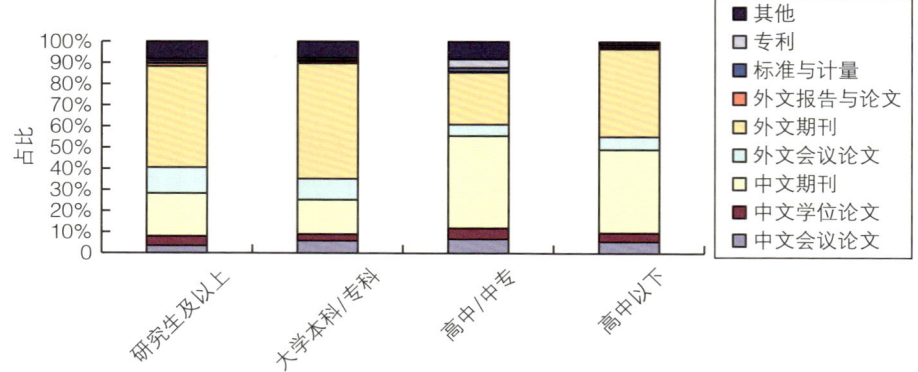

图 8-19　不同学历用户全文请求的文献类型分布

图 8-20 是对不同机构用户全文请求的文献类型的统计结果。教育、科研、医疗卫生等机构对外文文献的需求较大,农业机构和企业等对中文文献需求较大。

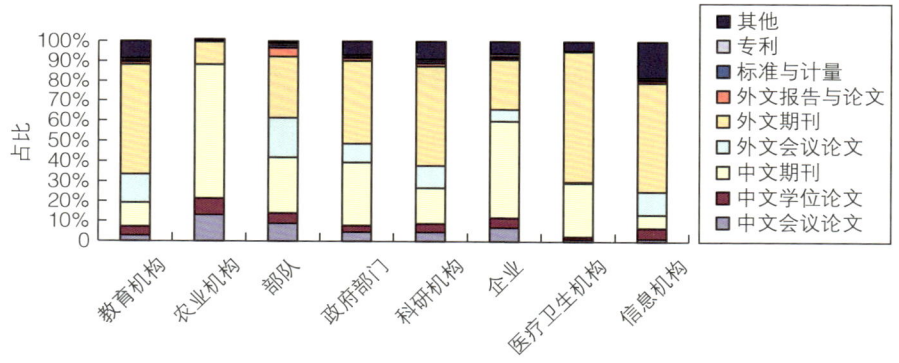

图 8-20　不同机构用户全文请求的文献类型分布

（2）文摘浏览的文献类型分布

文摘浏览的文献类型分布如图 8-21 所示。文摘浏览与全文请求的文献类型分布基本一致,外文期刊占比超过一半,其次是中文期刊。

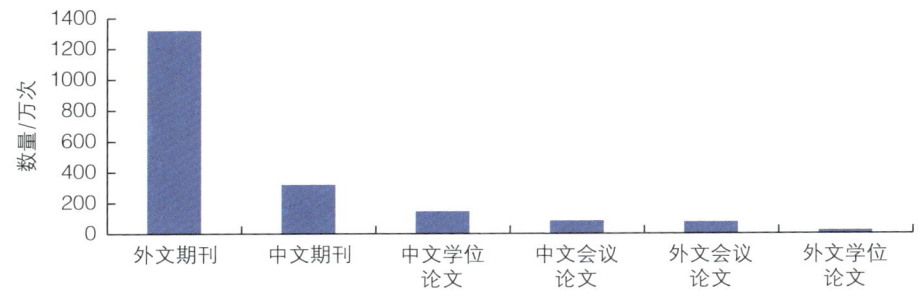

图8-21 文摘浏览的文献类型分布

8.6.4 资源利用年代分析

(1)全文请求的文献回溯年代分布

1)中外文会议论文

图8-22为2013—2019年中文会议论文与外文会议论文全文请求的回溯年代分布。可以看出，无论是中文会议论文还是外文会议论文，用户对回溯期为2年的会议论文全文请求最多，过半的订单请求是4年以内的会议论文，即NSTL会议论文全文请求利用的半衰期约为4年，外文会议论文略高于中文会议论文。

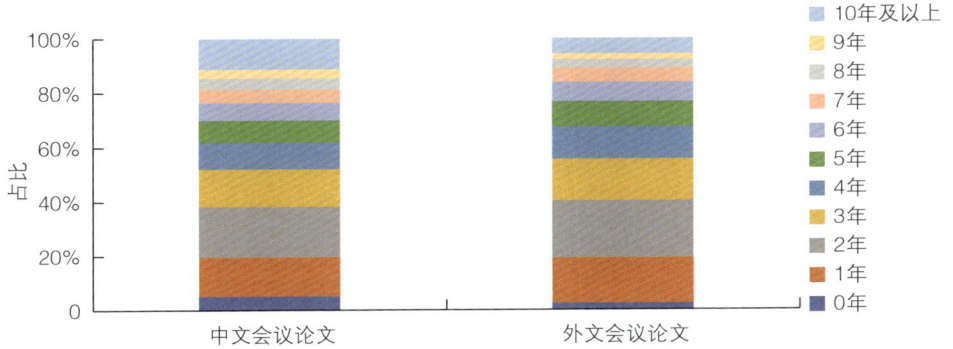

图8-22 中外文会议论文全文请求的回溯年代分布

2）中外文期刊

图 8-23 展示了中文期刊和外文期刊全文请求的回溯年代分布。与会议论文相比，用户对期刊全文请求的时效性更明显，中文期刊的半衰期约为 4 年，而外文期刊的半衰期约为 3 年，差别较为明显。

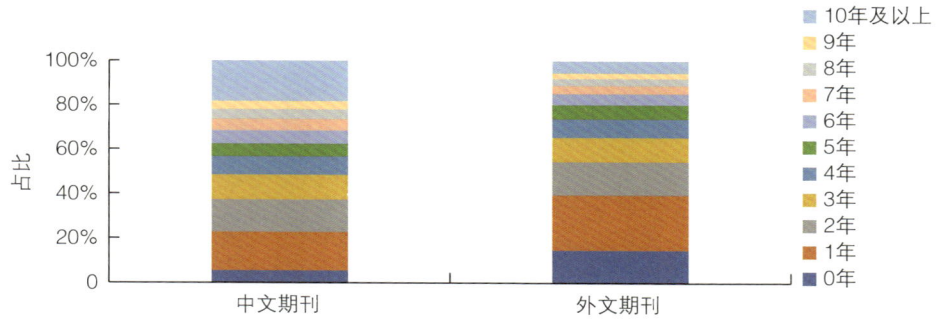

图 8-23　中外文期刊全文请求的回溯年代分布

3）国外科技报告

图 8-24 展示了国外科技报告全文请求的回溯年代分布。用户对国外科技报告的需求回溯年代较长，国外科技报告的半衰期达到了 10 年以上。

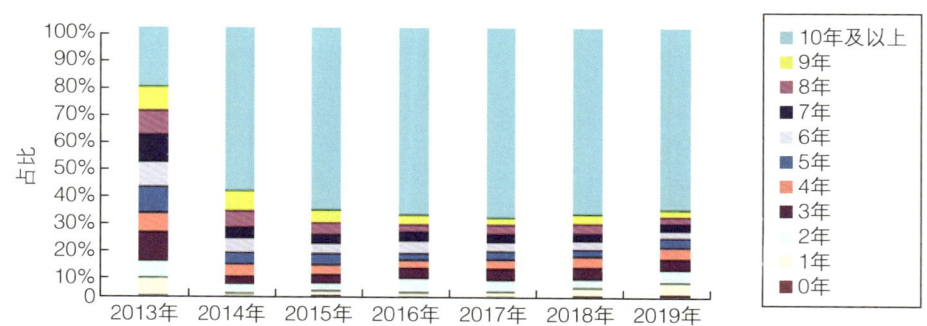

图 8-24　国外科技报告全文请求的回溯年代分布

4)国内外标准

图 8-25 展示了国内外标准全文请求的回溯年代分布,可以看出,国内外标准的半衰期也达到了七八年。

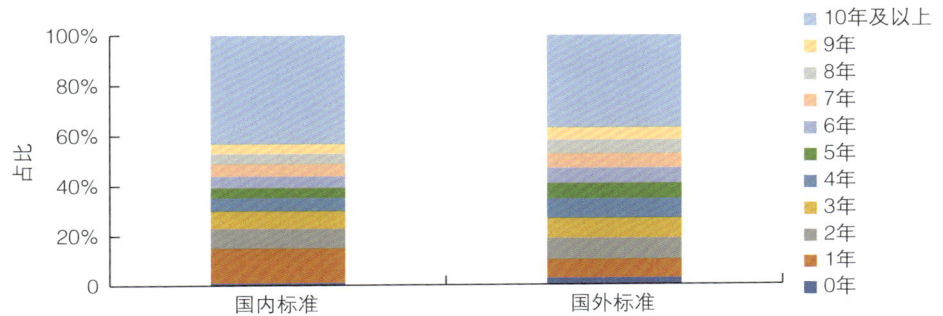

图 8-25 国内外标准全文请求的回溯年代分布

(2)文摘浏览的回溯年代分布

对中外文期刊文摘浏览的回溯年代进行统计,结果如图 8-26 所示。可以看出,中外文期刊文摘浏览的半衰期大于全文请求的半衰期。特别是外文期刊,半衰期达到了 5~6 年,用户对早期外文期刊的文摘浏览也不少,尤其是 10 年及以上期刊,存在着较大的文摘浏览量。

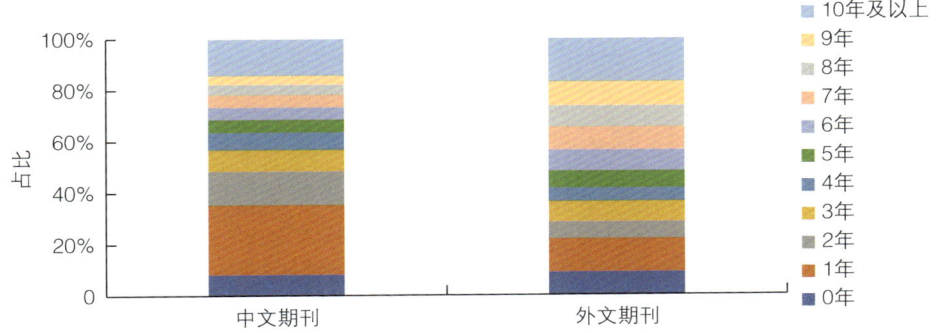

图 8-26 中外文期刊文摘浏览的回溯年代分布

8.6.5 外文期刊利用状况分析

外文期刊是 NSTL 最主要的文献资源，也是用户使用率最高的资源。本部分专门就外文期刊的利用状况进行深入分析。

（1）外文期刊利用的学科分析

1）外文期刊文摘浏览的学科分布

对外文期刊文摘浏览数据进行学科分析，图 8-27 为文摘浏览、被浏览期刊、采购期刊各自的学科分布曲线，可以看出，被浏览期刊与采购期刊的学科分布高度吻合，说明 NSTL 采购外文期刊的学科数量和质量比较均衡。而文摘浏览的学科分布与采购期刊的学科分布也基本匹配，说明 NSTL 采购的期刊基本符合用户需求，但在自然科学总论、数理化、生物科学、化学工业等学科呈现出浏览强度较高的现象。

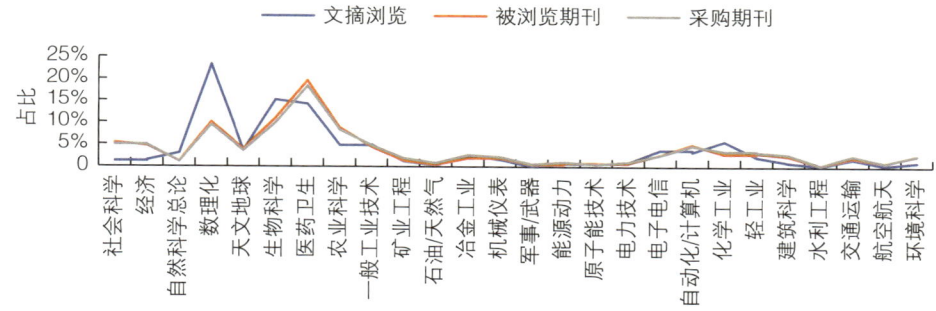

图 8-27 外文期刊文摘浏览的学科分布

图 8-28 为文摘浏览期刊利用率的学科分布，即某学科被浏览期刊占本学科采购期刊的百分比。从文摘浏览的角度衡量采购期刊的利用率，可以看出原子能技术、生物科学、医药卫生、数理化、天文地球、农业科学、自动化/计算机、电子电信、航空航天等学科的外文期刊利用率相对较高。

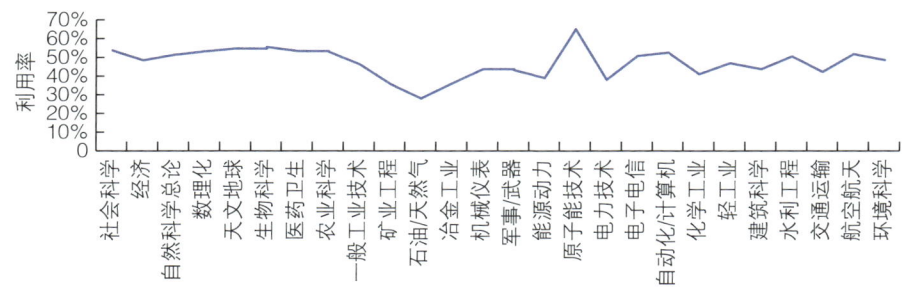

图 8-28 文摘浏览期刊利用率的学科分布

2）外文期刊全文请求的学科分布

对部分 NSTL 外文期刊的全文请求数据进行统计分析，图 8-29 为全文请求、被请求期刊和采购期刊的学科分布，可以看出，被请求期刊与采购期刊的学科分布更加吻合，而全文请求的学科分布与采购期刊的学科分布也更加匹配，进一步证明 NSTL 采购外文期刊的学科配置比较符合用户实际的学科文献需求，但在医药卫生、化学工业等学科呈现出请求强度高于采购期刊强度的现象。

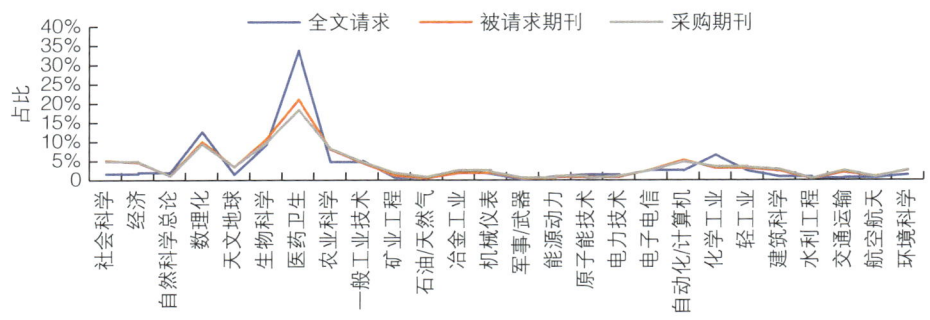

图 8-29 外文期刊全文请求的学科分布

从全文请求的角度衡量采购期刊的利用率，可以看出原子能技术、医药卫生、生物科学、自动化/计算机、航空航天、数理化等学科的外文期刊利用率相对较高，全文请求利用率曲线与文摘浏览利用率曲线大致相同（图 8-30）。

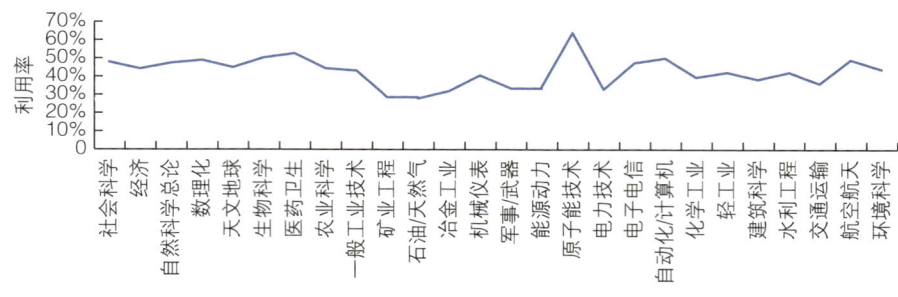

图 8-30　全文请求期刊利用率的学科分布

3）外文期刊全文请求的满足率分布

对 NSTL 各学科满足 80% 全文请求订单的期刊数量进行统计，结果如图 8-31 所示。目前，NSTL 23.6% 的期刊满足了 80% 的期刊请求，比较符合文献利用的离散规律。而军事/武器、石油/天然气、医药卫生、原子能技术、能源动力、自动化/计算机、交通运输等学科满足 80% 请求的期刊数量占比明显大于 23.6%，一方面，说明在这些学科领域期刊请求比较分散；另一方面，说明 NSTL 在这些学科领域采购期刊的数量还可以继续扩充，形成更为合理的期刊请求离散规律。

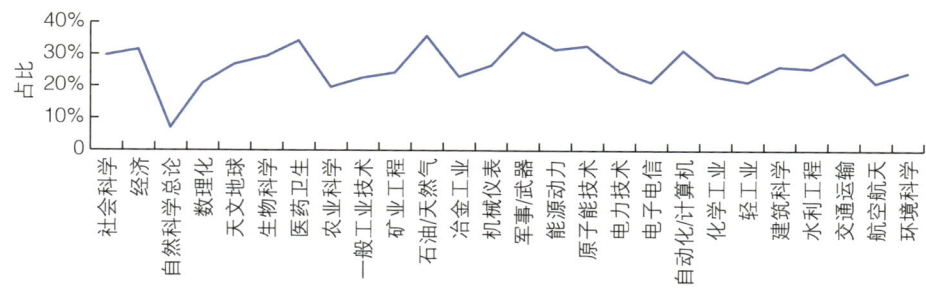

图 8-31　NSTL 各学科期刊请求分散度

（2）SCI/EI 期刊全文请求利用率分析

总体而言，SCI/EI 期刊虽然只占 NSTL 采购期刊的 37%，但被请求过的期刊中 SCI/EI 期刊达到一半以上，SCI/EI 期刊的请求数量占比更高。在数理化、天文地球、生物科学、医药卫生等基础学科领域，被请求的 SCI 期刊数量占被请求期刊总量的 80% 左右，其全文请求数量更是占全文请求总数的 90% 以上。在原子能技术、计算机技术、自动化/计算机、电子电信、能源动力、环境科学等学科领域，被请求的 SCI 期刊数量也占被请求期刊总量的 50% 左右，其全文请求数量占全文请求总数的 70%~90%（图 8-32、图 8-33）。

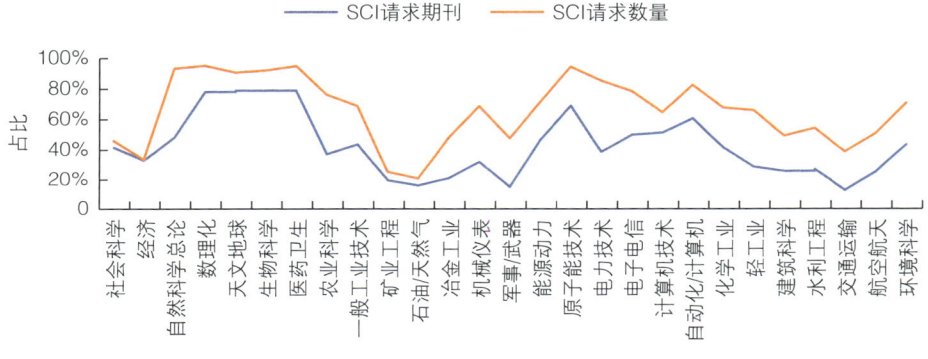

图 8-32　SCI 请求占比学科分布

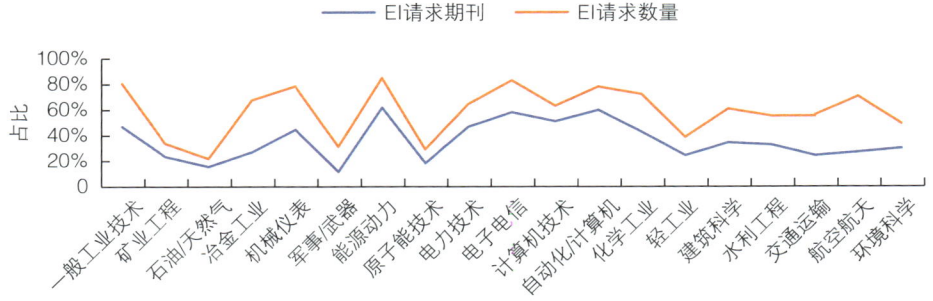

图 8-33　EI 请求占比学科分布

（3）外文期刊的高频利用分析

1）文摘浏览高频期刊

根据对每种期刊的文摘浏览次数进行统计，前 20 种文摘浏览高频期刊如表 8-17 所示。

表 8-17　文摘浏览高频期刊（前 20 位）

期刊名	浏览次数/次	占比
Journal of Biological Chemistry	161 510	5.2%
Proceedings of the National Academy of Sciences of the United States of America	139 287	4.48%
Applied Physics Letters	102 820	3.31%
Journal of Applied Physics	93 194	3.00%
Nature	76 574	2.46%
The Journal of Chemical Physics	71 917	2.31%
Science	68 796	2.21%
The Astrophysical Journal	65 798	2.12%
Physical Review letters	56 538	1.82%
School Library Journal	56 360	1.81%
The Journal of Immunology	53 169	1.71%
Biochemistry	51 550	1.66%
Journal of Applied Polymer Science	51 544	1.66%
Journal of the American Chemical Society	51 458	1.66%
Biochemical and Biophysical Research Communications	51 279	1.65%
Journal of Virology	48 368	1.56%
Acta Materialia	47 764	1.54%
Physical Review B：Condensed Matter and Materials Physics	44 517	1.43%
The Journal of Organic Chemistry	43 523	1.40%
FEBS Letters	34 912	1.12%

2）全文请求高频期刊

表 8-18 是全文请求次数居前 20 位的外文期刊，其中 17 种是 SCI/EI 期刊，但期刊影响因子相差很大。从图 8-34 可以看出，全文请求高频期刊与其影响因子无规律可言。

表 8-18　全文请求高频期刊的影响因子分析（前 20 位）

序号	期刊名称	所属学科	请求次数/次	影响因子	收录状况
1	Journal of Agricultural and Food Chemistry	农业科学	2762	3.172	SCI
2	Journal of Applied Polymer Science	化学工业	2649	1.334	SCI/EI
3	Heterocycles	数理科学和化学	2377	—	SCI
4	Materials Science Forum	无线电电子学、电信技术	2163	0.765	SCI/EI
5	Science	自然科学总论	2097	30.631	SCI/EI
6	Metal Bulletin	冶金工业	2086	—	—
7	Chemical Engineering Progress	化学工业	2046	0.949	SCI/EI
8	Nature	自然科学总论	2026	30.616	SCI/EI
9	Applied Physics Letters	数理科学和化学	1996	4.068	SCI/EI
10	Tetrahedron Letters	数理科学和化学	1495	2.429	SCI
11	Key Engineering Materials	一般工业技术	1456	—	EI
12	Steel Times International	冶金工业	1448	—	EI
13	Proceedings of the National Academy of Sciences of the United States of America	自然科学总论	1391	10.369	SCI
14	Journal of Biological Chemistry	生物科学	1381	—	—
15	Biochemical and Biophysical Research Communications	化学工业	1263	2.802	SCI
16	Tube & Pipe Technology	化学工业	1248	—	—
17	Journal of the American Chemical Society	数理科学和化学	1196	7.873	SCI/EI
18	Chemical & Engineering News	化学工业	1155	0.319	SCI/EI
19	Cancer Research	医药卫生	1152	8.036	SCI
20	Enzyme and Microbial Technology	生物科学	1075	2.373	SCI/EI

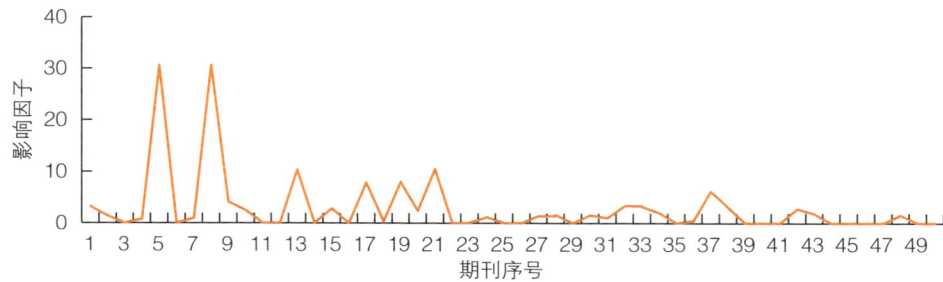

图 8-34　全文请求高频期刊的影响因子分析

8.7　文献提供服务状况分析

文献提供服务已经成为 NSTL 最为重要的一项服务。本部分利用 2013—2020 年 NSTL 网络服务系统的订单数据，按照原文提供服务与代查代借服务两种类型分别进行统计。

8.7.1　原文提供服务状况分析

（1）原文提供订单服务量分析

1）历年原文提供订单服务量分析

表 8-19 展示了 2013—2020 年 NSTL 原文提供服务普通订单的年份分布，可以看出，无论从订单请求数量还是实际完成数量来看，NSTL 原文提供服务数量持续增长，2017 年呈加速增长的态势。分析其月度服务数据后发现，每年 3 月、4 月和 11 月 NSTL 原文提供服务数量相对较多。

表 8-19　原文提供服务普通订单年份分布

年份	订单请求数量/个	实际完成数量/个	完成订单增长率
2013	113 591	113 557	—
2014	109 443	109 381	-3.68%
2015	125 510	125 462	14.70%
2016	145 009	144 984	15.56%
2017	238 579	238 542	64.53%
2018	278 443	273 747	14.76%
2019	347 394	334 129	22.06%
2020	360 683	358 571	7.32%

2）历年原文提供加急订单服务量分析

历年原文提供加急订单统计数据（表8-20）表明，NSTL原文提供加急订单数量也保持逐年增长，在原文提供服务总量中的占比基本稳定，每年有1%左右的原文提供订单为加急订单。

表 8-20　原文提供服务加急订单年份分布

年份	加急订单数量/个	增长率	占比
2016	998	2.15%	0.69%
2017	2258	126.25%	0.95%
2018	2824	25.07%	1.01%
2019	4228	49.72%	1.22%

（2）原文提供订单请求时间分析

对NSTL原文提供订单请求时间进行分析，了解用户请求的时间特征，可以改进服务，调配服务人员，调整工作安排。图8-35为NSTL原文提供订单整体请求时间分布情况，明显显示出 NSTL 原文提供订单请求的两个峰值分别为 10：00—11：00、15：00—17：00。

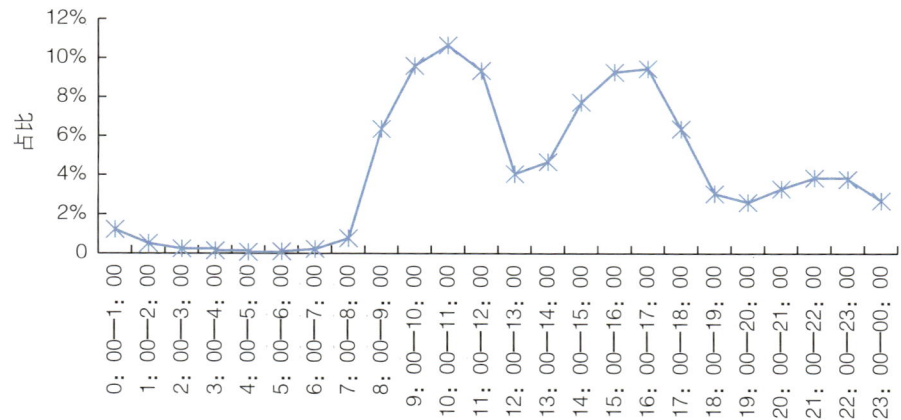

图 8-35　NSTL 原文提供订单整体请求时间分布

（3）原文提供订单发送时间分析

对 NSTL 原文提供订单发送时间进行统计，可以看到，NSTL 原文提供服务近 97% 的订单是在 8：00—18：00 完成的，时间峰值出现在 11：00 及 16：00（图 8-36、图 8-37）。

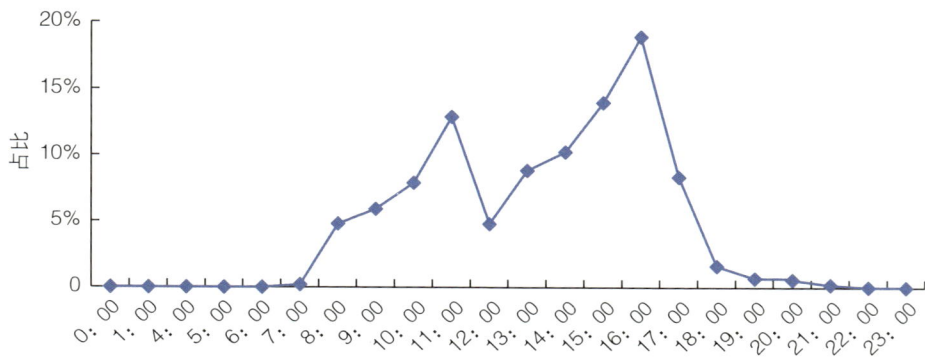

图 8-36　NSTL 原文提供订单整体发送时间分布

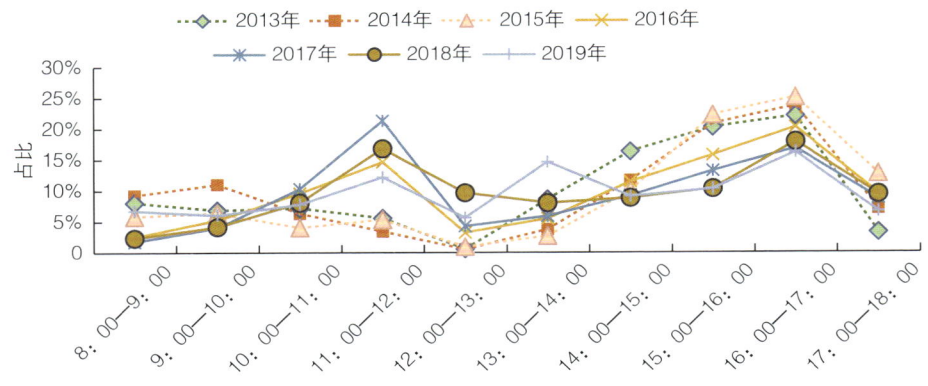

图 8-37 历年 NSTL 原文提供订单发送时间分布（8:00—18:00）

（4）原文提供订单响应时间分析

1）历年原文提供订单响应时间分析

NSTL 2013—2020 年原文提供服务的订单响应时间如表 8-21 所示，统计时未区分加急与否，未排除法定节假日及八小时之外时间，也未考虑全文发送到服务人员在系统中修改订单状态的时间差。因此，实际的订单响应时间

表 8-21 历年订单响应时间

年份	响应时间/小时	图形表示
2013	31.73	
2014	33.79	
2015	28.78	
2016	14.80	
2017	11.77	
2018	11.36	
2019	11.14	
2020	10.50	

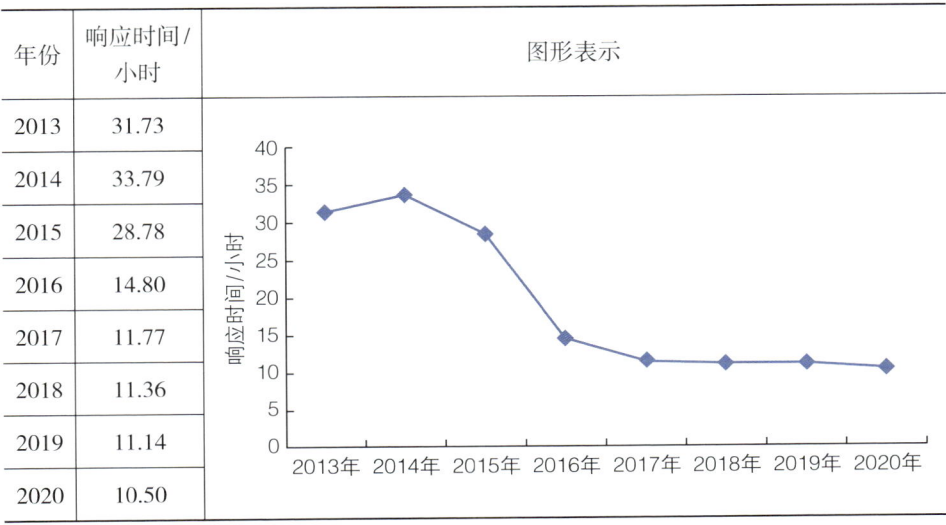

和用户感受远低于计算值。可以看出，从2016年NSTL调整服务政策后，订单响应时间由2013年的31.73小时减少到2020年的10.50小时。

2）历年原文提供加急订单响应时间分析

表8-22为历年原文提供加急订单响应时间的统计数据，表明随着NSTL原文提供订单响应时间的不断缩短，加急订单的响应时间也大幅缩短，但两者之间的差距也进一步缩小，"加急"优势不再明显，说明NSTL整体服务质量不断提升。

表8-22 历年原文提供加急订单响应时间比较

年份	加急订单数量/个	响应时间/小时		
		加急订单	普通订单	提前时间
2016	998	12.36	14.81	2.45
2017	2258	8.12	11.81	3.69
2018	2824	10.14	11.37	1.23
2019	4228	9.31	11.16	1.85

（5）原文提供服务未完成订单分析

1）原文提供服务未完成订单数量分析

2013—2020年，NSTL原文提供服务共有20 279个订单未完成，占订单总数的1.18%。图8-38为历年未完成订单数量变化情况，可以看出，2018年、2019年未完成订单数量突然增长。

2）原文提供服务未完成订单原因分析

对原文提供服务订单未完成的原因及所占比例进行统计（图8-39），订单未完成的原因主要有"发送方式不支持"和"撤销请求"。"发送方式不支持"主要针对用户重复订单和非合理使用订单。统计分析表明，NSTL方面导致的未完成的原文提供订单数量很少。

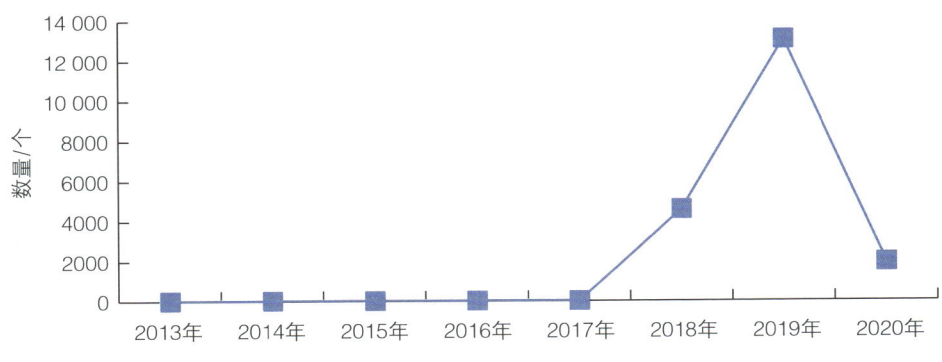

图 8-38　NSTL 历年未完成订单数量

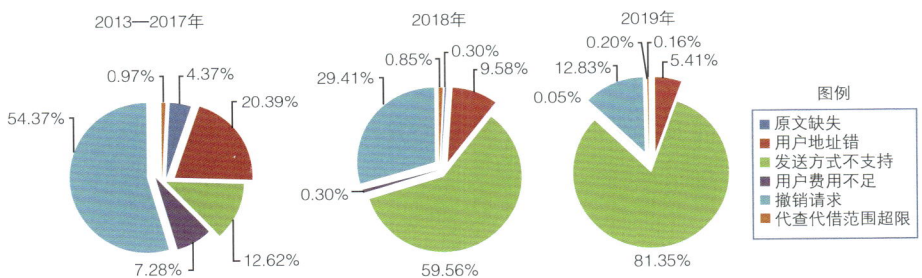

图 8-39　原文提供订单未完成原因分布

8.7.2　代查代借服务状况分析

（1）代查代借服务量及满足率分析

代查代借服务订单年份分布如表 8-23 所示。2017 年的高速增长之后，代查代借服务进入了稳步增长阶段。整体上看，2018 年以前，NSTL 代查代借服务处于开展初期，代查代借订单满足率非常高；2018 年开始，随着代查代借服务申请数量的增长，加上用户需求的扩大与查找范围、费用等因素的限制，NSTL 整体代查代借服务满足率基本保持在 80% 左右。

表 8-23 代查代借服务订单年份分布

年份	申请数量/个	完成数量/个	增长率	满足率
2016	6379	6329	—	99.22%
2017	20 628	20 281	220.45%	98.32%
2018	36 948	29 056	43.27%	78.64%
2019	45 508	36 573	25.87%	80.37%

（2）代查代借订单响应时间分析

由于代查代借服务中 NSTL 外馆藏文献的获取时间无法控制，仅对 NSTL 内馆藏文献的代查代借订单进行响应时间分析，结果如表 8-24 所示。2016 年，代查代借服务订单自然响应时间为 1.5 天左右，2017 年缩短到 1 天左右，2018 年及 2019 年随着代查代借订单数量的大幅增长，订单响应时间又增加到 2 天左右。

表 8-24　NSTL 内馆藏文献代查代借服务订单响应时间　　　　单位：小时

年份	自然响应时间	非节假日响应时间
2016	36.01	35.04
2017	29.57	28.64
2018	41.16	39.04
2019	44.86	44.56

（3）代查代借订单馆藏保障率分析

NSTL 代查代借服务可分为 NSTL 内馆藏保障和 NSTL 外馆藏保障，表 8-25 显示了历年代查代借订单 NSTL 内、外馆藏保障情况。总体上来看，93.29% 的代查代借订单是由成员单位自身馆藏满足的，NSTL 已经充分发挥了国内文献信息服务的保障作用。

表 8-25 NSTL 历年代查代借服务订单馆藏分布

年份	NSTL 内	NSTL 外	合计完成订单数量/个	NSTL 内百分比	NSTL 外百分比
2016	5672	657	6329	89.62%	10.38%
2017	18 711	1569	20 280	92.26%	7.74%
2018	27 144	1912	29 056	93.42%	6.58%
2019	34 526	2047	36 573	94.40%	5.60%

各成员单位代查代借订单 NSTL 馆藏的保障率统计结果表明，机械工业信息研究院、冶金工业信息标准研究院、中国农业科学院图书馆及中国标准化研究院国家标准馆的代查代借订单均由本馆或NSTL内其他单位馆藏满足，而中国科学院文献情报中心和中国科学技术信息研究所的代查代借订单在 NSTL 内馆藏的保障率相对低一些，主要原因可能是这两个单位有较多的老用户索取 NSTL 馆藏外的文献。

（4）代查代借未完成订单分析

1）代查代借未完成订单数量分析

截至 2020 年底，NSTL 共有 18 792 个代查代借服务订单未完成，占总数的 12.32%。图 8-40 为历年代查代借未完成订单占申请订单的比例，2018 年以来未完成订单占比在 20% 左右。

图 8-40 历年代查代借未完成订单占比

2）代查代借未完成订单原因分析

表 8-26 为代查代借未完成订单的原因统计，代查代借范围、费用和时间超限是订单未完成的主要原因，其中有 16 607 个订单范围超限，表明在用户指定的查找范围内（NSTL 内部、国内及国际）无法找到用户需求的文献，需要对这一部分订单的文献需求和缺失情况进行深入分析。

表 8-26　NSTL 代查代借未完成订单原因分析　　　　　　　　　　单位：个

未完成原因	2016 年	2017 年	2018 年	2019 年	合计
用户地址错	0	0	33	15	60
发送方式不支持	0	4	87	81	187
用户费用不足	0	4	45	70	128
撤销请求	1	3	383	425	909
代查代借范围超限	49	319	6879	7880	16 607
代查代借时间超限	0	7	183	200	414
代查代借费用超限	0	10	282	266	609

8.8　用户行为日志关联画像

8.8.1　日志数据准备与预处理

采集 NSTL 2016 年 3 月的用户访问日志，解析后有效数据共 14 178 810 条，日志格式如表 8-27 所示。抽取"期刊导航"的 IP 地址相关的所有数据，同时剔除掉图片、脚本、CSS 等后，得到日志数据共计 187 723 条。

为了对访问日志数据进行分析，首先需识别出用户会话。从获取的数据实例分析可以发现，缺少 Session 字段。因此，若同一 IP 地址，访问时间间隔阈值超过 20 分钟的回访行为，识别为新会话，识别出会话 84 567 个，涉及 IP 地址共 5225 个。再根据会话及对应网址，进行栏目匹配映射，共映射到 31 个导航栏目，如表 8-28 所示。

表 8-27 访问日志格式

编号	字段名称	字段说明	示例
1	服务器地址	远程服务器的 IP 地址	"66.229.61.82"
2	访问日期	访问 Web 页面的时间、日期和时区	"27/Mar/2016：22：35：51 +0800"
3	访问类型	请求的服务类型（GET/POST）	"POST"
4	Web 页面	用户访问的 Web 页面 URL	"/nstl/users/muci.jsp"
5	检索内容	用户提交的检索内容	"tit = New + Scientist&issn = 0262 - 4079 &year = 2004&no = 2450"
6	协议名称	传输协议及版本	"HTTP/1.1"
7	状态标识	返回给用户的状态标识	"200"
8	流量	服务器传递的字节数	"5"

表 8-28 网站映射栏目表

编号	导航栏目	编号	导航栏目
1	检索	11	接口服务
2	跨库检索	12	文摘页
3	自助中心	13	购物车
4	下载 ppt	14	爬虫
5	个人订单处理	15	字顺浏览
6	代查代借	16	刊种浏览
7	消息动态	17	参考咨询
8	卡服务	18	网上支付
9	帮助中心	19	意见与建议
10	首页	20	注册

续表

编号	导航栏目	编号	导航栏目
21	检索结果列表	27	NSTL 翻译
22	用户激活	28	分类浏览
23	密码服务	29	下载协议书
24	登录	30	查看检索历史
25	专题信息服务	31	预印本
26	全国开通资源浏览		

8.8.2 用户访问行为关联分析

根据用户访问日志数据应用关联规则进行分析，从关联规则、依赖关系等角度分析网站各栏目的关联性及用户行为特点。支持度设置为0.01，置信度设置为0.1（支持度是关联规则的重要度量，支持度低的规则可能只是偶然出现，设置为0.01表示规则至少在1%的事务中出现；置信度度量规则进行推理具有的可靠度，对于规则 X ⇒ Y，置信度越高，Y 包含在 X 的事务中出现的可能性就越大，置信度设置为0.1，即关联规则出现的可能性不低于10%）。

（1）频繁项集分析

"项集"是指关联规则方法中包含项的列表，"频繁项集"是指支持度高于0.01的集合，"大小"是指项集中项的数量。关联规则算法生成的频繁项集如表8-29所示，从中可知，"检索"栏目是频率最高的项集，所以"检索"是用户在访问图书馆时最常用的服务，频率次高的是"预印本"栏目。尽管"字顺浏览"和"分类浏览"均是"刊种浏览"一级栏目下的二级栏目，但是这两个子栏目之间的排名相差较大，其中"分类浏览"栏目单独出现的事务超过5000个，而"字顺浏览"栏目仅为1500多个，这说明用户对"分类浏览"的使用次数显著高于"字顺浏览"栏目，这也反映了用户更加偏好"分类浏览"栏目。

表 8-29 频繁项集（节选）

编号	项集	大小	数量/个	编号	项集	大小	数量/个
1	检索	1	17 549	15	购物车	1	1522
2	预印本	1	10 051	16	字顺浏览	1	1564
3	分类浏览	1	5566	17	登录，检索	2	1427
4	文摘页	1	4655	18	刊种浏览，文摘页	1	1434
5	文摘页，检索	2	3645	19	登录	3	1370
6	分类浏览，检索	1	3350	20	刊种浏览，检索	2	1261
7	刊种浏览	2	2855	21	自助中心	2	1234
8	全国开通资源浏览	1	2756	22	个人订单处理	1	1113
9	文摘页，分类浏览，检索	1	2154	23	帮助中心	2	1052
10	消息动态	1	1832	24	参考咨询	1	947
11	注册	1	1820	25	刊种浏览，文摘页，分类浏览检索	3	944
12	刊种浏览，分类浏览	2	1730	26	接口服务	1	921
13	文摘页，分类浏览	2	1721	27	字顺浏览，检索	2	832
14	注册，检索	1	1616				

（2）关联规则分析

关联规则可以揭示事务中的共性规律，如"A，B→C"表示对A、B访问的同时也对C进行了访问，计算结果如表8-30所示。①概率最高的规则是"网上支付，登录→购物车"，为0.993，这表明在进行"网上支付""登录"后，有99.3%的用户行为又指向了"购物车"，即从用户使用行为角度来看，"网上支付""登录""购物车"3个网页栏目之间的关联度非常高。②概率次高的规则是"NSTL翻译，检索→文摘页"，概率值为0.986，这可能表明用户在进行检索和文摘页访问时，往往需要使用翻译功能。③"个人订单处理，登录→自助中心"的概率达到0.913，这表明"自助中心"与"个人订单处理"等栏目高度关联。④"参考咨询，分类浏览→检索"的概率也比较高，可能意味着用户在分类浏览和检索时经常会有参考咨询的需求。

表8-30 关联规则（节选）

编号	规则	概率	编号	规则	概率
1	网上支付，登录→购物车	0.993	16	字顺浏览，分类浏览→检索	0.842
2	NSTL 翻译，检索→文摘页	0.986	17	网上支付→检索	0.831
3	网上支付，检索→购物车	0.950	18	购物车，登录→网上支付	0.815
4	登录，文摘页→检索	0.945	19	NSTL 翻译，文摘页→检索	0.804
5	购物车，网上支付→检索	0.943	20	注册，分类浏览→检索	0.795
6	参考咨询，分类浏览→检索	0.931	21	文摘页→检索	0.781
7	个人订单处理，登录→自助中心	0.913	22	网上支付→购物车	0.771
8	网上支付，购物车→登录	0.905	23	登录，分类浏览→检索	0.766
9	文摘页，分类浏览→检索	0.905	24	注册，文摘页→检索	0.750
10	个人订单处理，自助中心→登录	0.901	25	刊种浏览，检索→分类浏览	0.734
11	NSTL 翻译→检索	0.894	26	购物车→检索	0.719
12	网上支付→登录	0.875	27	NSTL 翻译→文摘页	0.703
13	自助中心，分类浏览→检索	0.870	28	登录→检索	0.695
14	自助中心，登录→个人订单处理	0.867	29	购物车，登录→检索	0.688
15	刊种浏览，文摘页→分类浏览	0.864	30	购物车，检索→登录	0.646

（3）依赖关系分析

各栏目之间的依赖强度，可以以网络方式来图形化展示，形成依赖关系网络图，网络图各栏目之间用箭头表示，与各栏目相连的线条数量表明与该栏目相关的其他栏目数。可以通过对链接强度系数的调节，来分析不同栏目之间的依赖强度关系。

1）低强度依赖分析

低强度依赖网络如图 8-41 所示。从图中可以发现与"检索"栏目相关的事务最多，因此可以认为"检索"是图书馆最为核心的事务。如图所示，"预印本"和"个人订单处理"外的其他事务都与"检索"存在直接关联关系，这表明在用户访问 NSTL 后，基本上都会进行检索操作。"分类浏览""文摘页"都与"检索"栏目进行双向关联。这表明，用户通常会在访问"分类浏览"或者访问"文摘页"后，进行检索，反之也存在这样的规律。"预印本""参考咨询""注册""字顺浏览""帮助中心""消息动态""个人订单处理""全国开通资源浏览""网上支付""购物车""NSTL 翻译""刊种浏览"等栏目相关联的事务较少。此外，尽管"字顺浏览"和"分类浏览"同属"刊种浏览"的下级栏目，但是两者的事物数量有明显差距，"分类浏览"关联的事务明显更多，而且有由"字顺浏览"指向"分类浏览"的箭头，反之，则无此现象。这表明用户通常在访问"字顺浏览"栏目后很可能会访问"分类浏览"，反之，

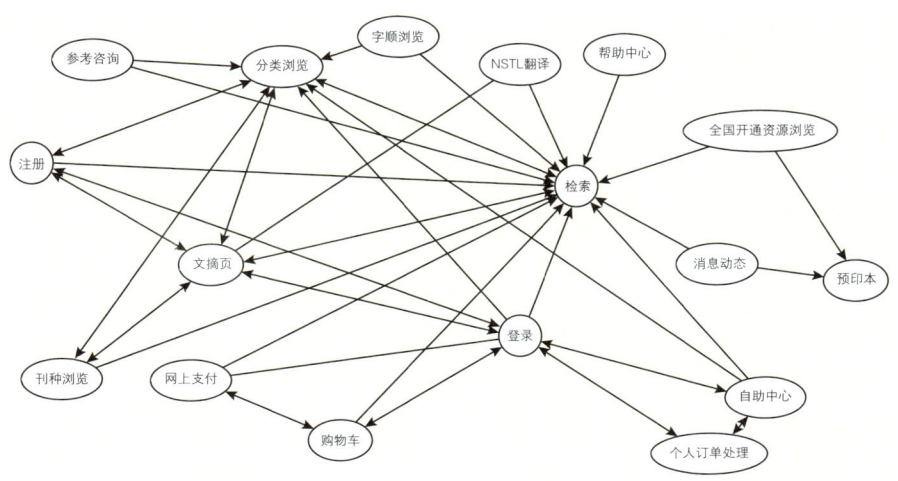

图 8-41　低强度依赖网络

则无此情况。这与两种导航模式的功能和特点直接相关，"字顺浏览"通过期刊的首字母顺序来进行导航，而"分类浏览"则是通过期刊的学科来进行导航，通过上述分析，可以发现用户更加倾向于使用学科分类导航。

2）中强度依赖分析

在图 8-41 的基础上，适度提高依赖系数，得到中强度依赖网络，如图 8-42 所示。从图中可以发现，仅剩 9 对双向关联规则。与低强度依赖网络不同的是，"检索"关联的事务被隐去，表明"检索"关联的事务的依赖强度要弱于这 9 组关联规则，而"文摘页"和"NSTL 翻译"、"刊种浏览"和"分类浏览"的双向关联比较强，进而说明现实中，NSTL 翻译功能能够促进文摘浏览，而分类导航则能够推动刊种浏览。

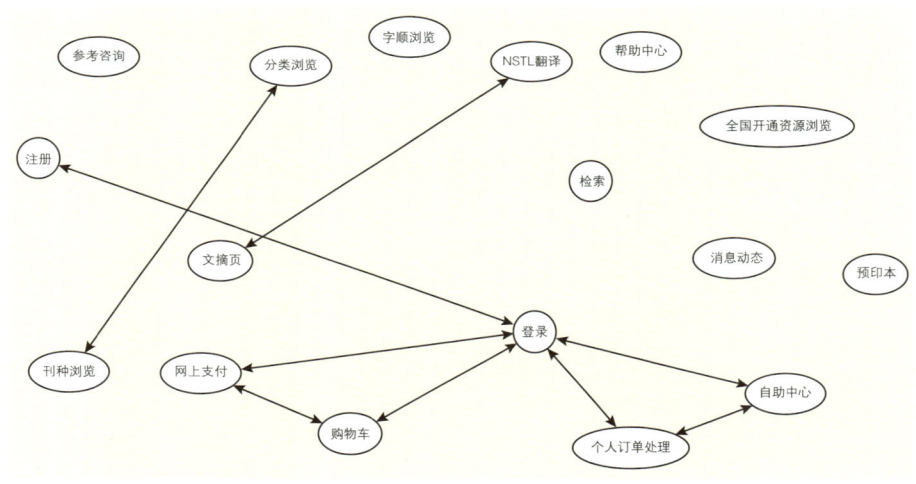

图 8-42　中强度依赖网络

3）高强度依赖分析

当依赖强度设置到最高时，得到上述数据的高强度依赖网络，如图 8-43 所示。"购物车→网上支付"关联规则具有最高强度，这表明当用户将文献加入购物车后，大概率会订购。

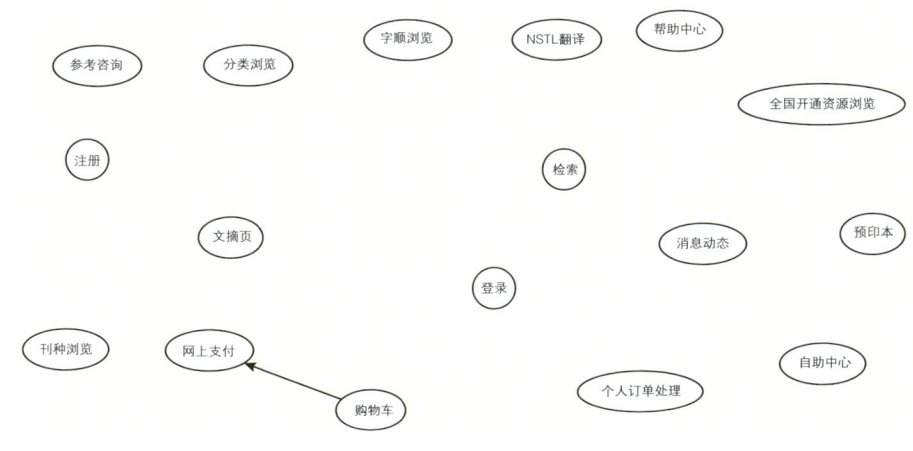

图 8-43 高强度依赖网络

8.8.3 用户行为序列分析

通常,浏览是用户最为重要的行为之一,因此进一步观察包含"浏览"的序列中的用户行为规律。处理后,识别出与"浏览"相关的访问序列共计 2603 种。平均每个访问序列被重复 14 次,约 84% 的序列仅被重复 1 次,序列的重复表现出明显的不均衡特征。表 8-31 列出了排名前 10 位的频繁序列。

从表中可以发现,"分类浏览"和"字顺浏览"的访问占据了前两位。在"分类浏览"后进行"检索"或者"刊种浏览"的序列也排序靠前;相比而言,用户在"字顺浏览"后,除"检索"行为外,很少有其他操作行为。

表 8-31 频繁序列(节选)

编号	序列	编号	序列
1	分类浏览	6	刊种浏览→预印本
2	字顺浏览	7	分类浏览→刊种浏览
3	分类浏览→检索	8	分类浏览→刊种浏览→文摘页
4	检索→分类浏览→检索	9	字顺浏览→检索
5	检索→分类浏览→检索→文摘页	10	检索→分类浏览

为了从总体上分析用户在"分类浏览"和"字顺浏览"与其他栏目之间的行为转换情况,对本部分用户日志中涉及的网站栏目进行了聚类分析,结果如图8-44所示。在图中,用户在"字顺浏览"后,有18%的概率会使用"分类浏览"及"检索"服务,这可能意味着"字顺浏览"导航并不是用户偏好的方式。用户在"分类浏览"后,有23%的概率进行"检索",而"刊种浏览"后访问"文摘页"的概率达到28%,这充分说明"分类浏览"对引导用户进入"文摘页"具有较好的效果。

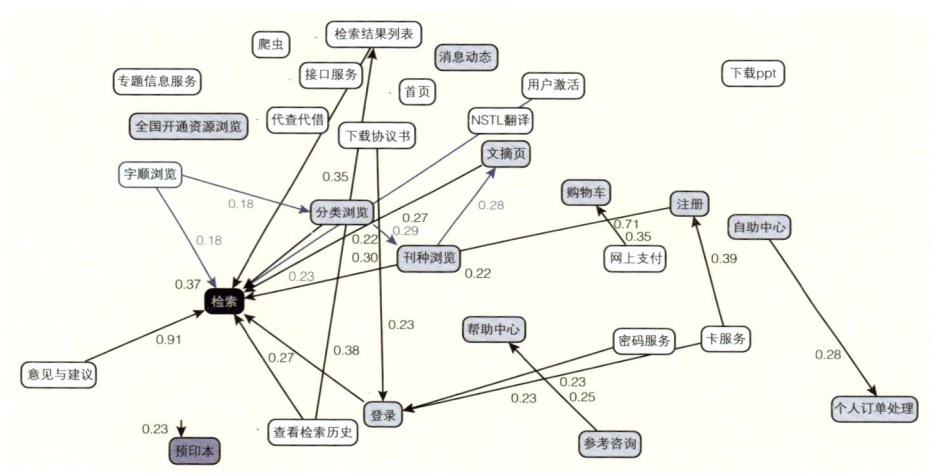

图8-44 序列转化网络

8.9 用户流失分析

8.9~8.11从用户价值的角度研究用户特征及其变化,以加强用户管理,并为NSTL的管理决策提供积极的支撑作用。在此基础上,分3个小节展开如下分析:①用户流失分析,对NSTL历年流失状况进行分析;②基于RFM的重点个人用户分析;③个人用户价值矩阵分析。

8.9.1 个人用户流失分析

忠诚用户对于一个机构来说具有重要的意义,有研究表明,发展新用户比保持老用户的成本高 5 倍。因此,保持老用户,并促进其成为新用户至关重要。下面在流失条件界定的基础上,对 NSTL 历年个人用户流失状况进行分析。

8.9.2 相关约定

个人用户:以个人名义在 NSTL 注册的用户,不含服务站。
订购用户:在 NSTL 有文献请求记录的注册用户。
试用卡用户:获取过试用卡并使用的订购用户。
非试用卡用户:未使用过试用卡的订购用户。
流失用户:根据流失界定条件,在分析时间上已经流失的订购用户。
正常用户:根据流失界定条件,在分析时间点上尚未流失的订购用户。
用户流失:1 年内从未再申请全文的用户。
用户流失时间:距当前最后申请全文的时间。
用户存活时间:用户流失时间减去用户注册时间,以年、月或日为单位。考虑到部分用户的流失时间与注册时间是同一天,为避免出现存活时间为 0 的现象,在相减后所有用户的存活时间全部加 1 天。

8.9.3 用户数据整理

数据整理步骤:①提取以个人名义注册的用户数据。NSTL 服务站以个人名义注册,其相应记录需要剔除。②提取有文献请求记录的用户数据。③根据用户的最后一次文献请求时间,判断其流失状态,并计算流失用户的存活时间。在对文献请求记录汇总后,用户个数为 18 354 个,其中 21 条记录无法找到用户信息,予以清除。清洗后的数据如表 8-32 所示。

表 8-32 订购用户的注册年份分布

注册年份	注册用户个数/个	订购用户 个数/个	订购用户 比例	非赠卡用户 个数/个	非赠卡用户 比例	注册当年请求文献用户 个数/个	注册当年请求文献用户 比例
2012	6743	2976	44.1%	2737	92.0%	112	3.8%
2013	32 665	2400	7.3%	2234	93.1%	2096	87.3%
2014	26 803	1469	5.5%	1323	90.1%	1262	85.9%
2015	35 322	1770	5.0%	1450	81.9%	1481	83.7%
2016	47 926	2029	4.2%	1323	65.2%	1670	82.3%
2017	49 696	2516	5.1%	1770	70.3%	2197	87.3%
2018	50 205	2953	5.9%	1873	63.4%	2609	88.4%
2019	42 433	2220	5.2%	1457	65.6%	2220	100.0%
合计	291 793	18 333	6.3%	14 167	77.3%	—	—

注：① 订购用户比例=订购用户个数/注册用户个数。
② 非赠卡用户比例=非赠卡用户个数/订购用户个数。
③ 注册当年请求文献用户比例=注册当年请求文献用户个数/订购用户个数。

从表 8-32 中可以看出：① 2012 年与 2019 年的数据相对特殊，主要由客观原因导致。2012 年 NSTL 系统正式运行，2019 年 NSTL 三期系统开始试运行。② 2013—2018 年，约 5.4% 的注册用户最终转化成订购用户。许多用户在注册后并不请求文献，表明相当部分的人群知道 NSTL 并有文献需求，但出于某种原因最终并未选择通过 NSTL 来获得文献。使更多的注册用户转化为订购用户对提高文献请求量和资源利用率有着重要的意义，建议 NSTL 对空注册用户进行一次问卷调查，以了解空注册的真实原因。③ 2013—2018 年，约 86% 的订购用户在注册当年就有文献请求。在识别 NSTL 潜在用户时，要重点关注当年新注册的用户。④ 2012—2019 年，非赠卡用户在订购用户中的比例约为 77%，参与了赠卡活动的用户约占订购用户的 1/5。

考虑到2012年与2019年的特殊性，这里选择2013—2018年注册的个人订购用户展开流失分析，记录总数为13 137个。在数据预处理中发现：①订购用户中有3条记录情况异常（用户名为lijing、stip和shihezishouyizhan），其注册年份晚于第一次文献请求时间，原因不详；②58条记录的"预付款余额""花费"字段数值为0但文献请求总数不为0，经核查发现是由2019年的三期系统试运行优惠政策所致。在清洗掉这61条记录后，最后参与流失分析的用户记录个数为13 076个（以下简称用户流失分析数据集）。

8.9.4 指标说明

年流失量：每年流失的用户数量，绝对量指标。

新用户流失率：用户注册当年流失数与该年总用户流失量的比值，反映新流失用户情况。

某年流失率：用户注册后的某年流失率。该指标与新用户流失率进行对比，用于掌握用户早些年份的流失速度。

累计流失率：指注册用户在当前年份之前所有的流失比例。一般来说，注册年份越早，累计流失率越高。

老用户订购比例：特定时间范围内，老用户数与总用户数的比值。

8.9.5 年流失量分析

分析目的：了解历年用户流失状况。

分析对象：用户流失分析数据集（13 076个）。

分析过程：按流失年份进行汇总，结果见表8-33。

数据说明：①表8-33同时展示了2013—2018年注册的订购用户；②由于后几年距离分析时间点（2020年1月1日）较近，部分用户可能在时隔一段时间后又重新请求文献，所以实际流失量应该要小于表中数据。

图表描述：①在13 076个订购用户中，10 205个用户已流失（占78.0%）；②2014—2017年，新注册订购用户数量略高于当年流失用户，2018年流失用户数量已超出该年度新注册订购用户。

结论与建议：①NSTL 订购用户流失比例接近 80%，必须引起足够重视；②虽然每年新注册订购用户数量在增长，但每年流失用户数量也在增长，并且增长速度更快。NSTL 订购用户群体就好比漏斗，每年注入量和流出量都有增加，如何扩大注入量并减少流出量成为关乎 NSTL 发展的重要问题。

表 8-33 年流失量分析

年份	流失用户/个	新注册订购用户/个	图形展示
2013	1091	2398	
2014	980	1468	
2015	1202	1761	
2016	1571	2020	
2017	2170	2505	
2018	3191	2924	
合计	10 205	13 076	

8.9.6 新用户流失率分析

分析目的：了解每年流失用户的构成情况。

分析对象：用户流失分析数据集（13 076 个）。

分析过程：对历年流失用户，根据注册年份汇总当年注册个数，结果如表 8-34 所示。

数据说明：由于数据集中包含了 2013—2018 年注册的个人用户，2013 年流失的用户必然全部在 2013 年注册，因此 2013 年新用户流失率为 100%。

图表描述：2014—2018 年的新用户流失率非常稳定，一直维持在 64%上下。

结论与建议：尽可能保持住新注册用户，是 NSTL 服务的重要环节。

表 8-34 新用户流失率分析

年份	流失用户数量/个	当年注册流失用户数量/个	新用户流失率
2013	1091	1091	100%
2014	980	626	64%
2015	1202	779	65%
2016	1571	1008	64%
2017	2170	1394	64%
2018	3191	2051	64%

注：新用户流失率＝新注册流失用户数量/流失用户数量。

8.9.7 流失率分析

分析目的：了解用户流失速度。

分析对象：用户流失分析数据集（13 076 个）。

分析过程：对不同年份注册的订购用户，按流失年份进行汇总，结果如表 8-35 所示。表中同时计算了历年分析时间点（2020 年 1 月 1 日）上的累计流失率。

图表描述：①每年的累计流失率都比较高，需针对用户的较高流失率尽快给出应对方案；② 2013—2016 年，每年的 0 年流失率均约占 45%；③ 2017—2018 年，尤其是 2018 年的 0 年流失率显著增加，可能的原因是距分析时间点较近，部分用户虽然在 2019 年没有订购文献，但可能在此后重新订购文献。

表 8-35 流失率分析

注册年份	0 年流失率	1 年流失率	2 年流失率	3 年流失率	4 年流失率	5 年流失率	累计流失率
2013	46%	15%	9%	6%	6%	5%	87%
2014	43%	14%	9%	7%	9%		82%

续表

注册年份	0年流失率	1年流失率	2年流失率	3年流失率	4年流失率	5年流失率	累计流失率
2015	44%	16%	8%	9%			78%
2016	50%	18%	12%				80%
2017	56%	19%					75%
2018	70%						70%

8.9.8 老用户订购比例分析

分析目的：了解每年请求文献的用户构成。

分析对象：用户流失分析数据集（13 076 个）。

分析过程：对每年请求文献的用户数量进行汇总，并根据其注册年份判断其是否为老客户，然后计算用户保持率，结果如表 8-36 所示。

数据说明：2013 年为起始年份，其用户保持率不参与计算。

图表描述：① 2013—2018 年请求文献用户个数逐年增加。②由于数据集中仅包含 2013—2018 年注册的个人用户，这必然影响早几年的老用户订购比例。从 2016—2018 年的数据上看，该比例逐渐趋向稳定，保持在 50% 左右。③为进一步了解老用户对 NSTL 的贡献，表 8-37 展示了 2012—2019 年的用户订单分布分析结果，从中可以看出，每年的文献请求中约 80% 来自老用户，新用户在注册当年的请求比例仅占 20%。

结论与建议：老用户对 NSTL 的发展有着重要意义。

表 8-36 老用户订购比例分析

年份	请求文献用户个数/个			老用户订购比例
	当年注册用户	老用户	合计	
2013	2095	—	2095	—
2014	1261	1048	2309	45.4%
2015	1481	1384	2865	48.3%

续表

年份	请求文献用户个数/个			老用户订购比例
	当年注册用户	老用户	合计	
2016	1670	1798	3468	51.8%
2017	2197	2232	4429	50.4%
2018	2609	2643	5252	50.3%

注：① 请求文献用户个数＝当年注册用户个数＋老用户个数。
② 老用户保持率（老用户订购比例）＝老用户个数/请求文献用户个数。

表 8-37　老用户订单贡献率分析

年份	订单总数（个人用户）/个	当年注册用户请求量/个	老用户请求量/个	老用户订单贡献率
2012	277	277	—	—
2013	111 940	32 623	79 317	70.9%
2014	99 651	21 461	78 190	78.5%
2015	106 917	21 825	85 092	79.6%
2016	111 492	23 539	87 953	78.9%
2017	126 792	26 917	99 875	78.8%
2018	135 539	26 514	109 025	80.4%
2019	148 060	26 984	121 076	81.8%

注：① 订单总数（个人用户）＝当年注册用户请求量＋老用户请求量。
② 老用户订单贡献率＝老用户请求量/订单总数（个人用户）。

8.9.9　指标分析小结

（1）关于订购用户

- NSTL 注册个人用户向订购用户的转化率为 5.4%。
- 86% 的订购用户在注册当年就会有文献请求。

- 每年请求文献的用户中，老用户人数约占一半，其订单贡献率达到80%。

（2）关于用户流失
- 流失量。以 2020 年 1 月 1 日为分析时间点，2013—2018 年注册的订购用户流失量已接近 80%。每年新注册的订购用户数量和流失用户数量都在增加。
- 流失速度。每年新注册的订购用户中，一部分会很快流失，其数量约占当年用户流失量的 64%。

8.9.10 流失用户特征分析

（1）存活时间分析

1）总体情况（月为单位）

分析目的：以月为单位，分析流失用户的存活时间。

分析对象：2013—2018 年注册的流失用户（10 205 个）。

分析过程：按注册年份进行汇总统计，结果见表 8-38。

图表描述：① 2013—2018 年注册的流失用户平均存活时间为 7.73 个月，最长存活时间约为 71 个月；② 2013—2018 年流失用户的中位存活时间为 1 个月。

表 8-38 存活时间分布

注册年份	流失用户个数/个	均值/个月	中位数/个月	最小值/个月	最大值/个月	标准差/个月
2013	2083	14.99	4.83	0.03	70.80	19.03
2014	1204	13.34	3.87	0.03	57.40	16.80
2015	1374	9.52	2.33	0.03	47.10	12.63
2016	1613	6.36	1.30	0.03	34.27	8.62
2017	1881	3.27	0.57	0.03	22.60	4.83
2018	2050	1.04	0.13	0.03	10.83	1.96
整体	10 205	7.73	1.00	0.03	70.80	13.16

2）总体情况（年为单位）

分析目的：以年为单位，分析流失用户的区间分布。

分析对象：2013—2018年注册的流失用户（10 205个）。

分析过程：将存活时间划分为"1年以内"（小于等于1年）、"1~2年"（大于1年，小于等于2年）、"2年以上"（大于2年）3个区间，统计存活时间分布，结果见表8-39和图8-45。

数据说明：① 2018年的数据无法统计存活时间超过2年的用户占比；②表中比例基数不是该年份的流失用户数而是该年份注册的订购用户个数，主要是考虑到后者更为稳定，而前者会随分析时间点的变化而变化；③随着时间的推移，"正常用户"与"2年以上"的个数和占比都可能发生变化。"1年以内"与"1~2年"的个数不会变化，但占比可能随该年份注册的订购用户个数的变化而发生小范围的变动。

图表描述：① 2013—2017年注册的订购用户，半数以上（59.1%）的存活时间不超过1年；②存活时间为"1年以内"的占比总体呈增长趋势（图8-45），"1年以内"与"1~2年"比例之和也相应增加。

表8-39 存活时间分布

注册年份	1年以内		1~2年		2年以上		正常用户	
	个数/个	占比	个数/个	占比	个数/个	占比	个数/个	占比
2013	1302	54.3%	235	9.8%	546	22.8%	315	13.1%
2014	767	52.2%	143	9.7%	294	20.0%	264	18.0%
2015	957	54.3%	184	10.4%	233	13.2%	387	22.0%
2016	1250	61.9%	258	12.8%	105	5.2%	407	20.1%
2017	1723	68.8%	158	6.3%	0	0	624	24.9%
合计	5999	59.1%	978	9.6%	1178	11.6%	1997	19.7%

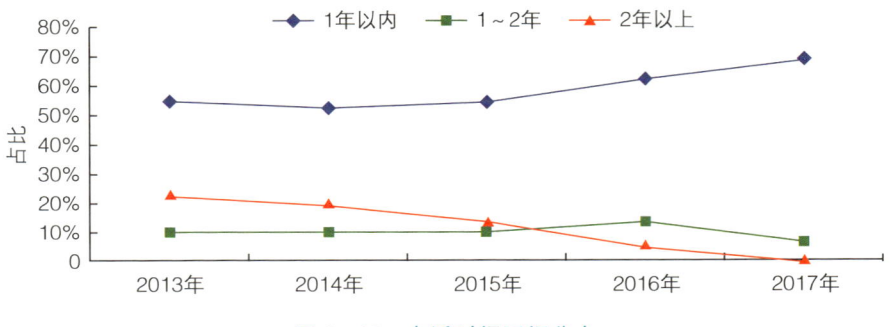

图 8-45　存活时间区间分布

（2）地域分析

1）总体分布

分析目的：了解流失用户的地域分布。

分析对象：2013—2018 年注册的流失用户（10 205 个）。

分析过程：对所有流失用户，按总体和存活时间为"1 个月以内（小于等于 1 个月）"统计不同省份所占比例，结果如图 8-46 所示。

数据说明：由于无效数据的存在，图中数据样本个数为 9624 个。

图表描述：无论在流失用户总数还是"1 个月以内"流失用户人数上，北京都远高于其他省份。其他排在前列的省份还有江苏、陕西和广东等。

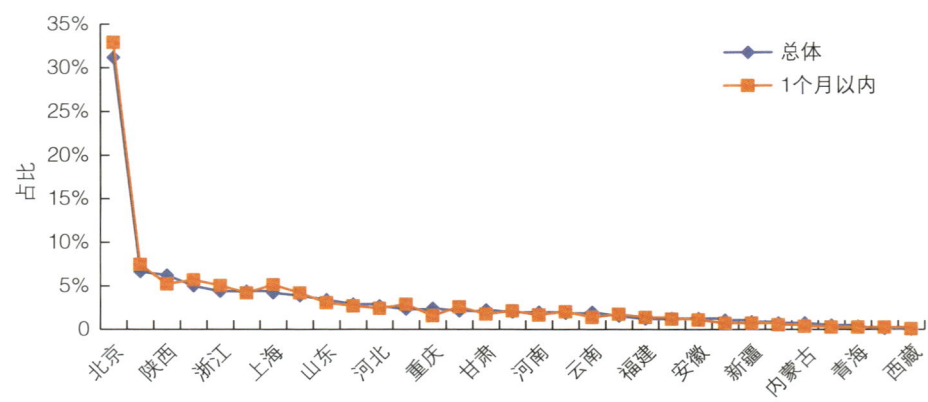

图 8-46　流失用户地域分布（总体）

2）时间区间分布（2013—2017年）

分析目的：了解流失用户的地域分布。

分析对象：2013—2017年注册的流失用户数据（8155个）。

分析过程：统计不同省份所占比例，结果如图8-47所示。

数据说明：①存活时间区间划分说明参见本部分"存活时间分析"；②2013—2017年注册的流失用户总数为8155个，但由于无效数据的存在，图中实际样本个数为7708个。

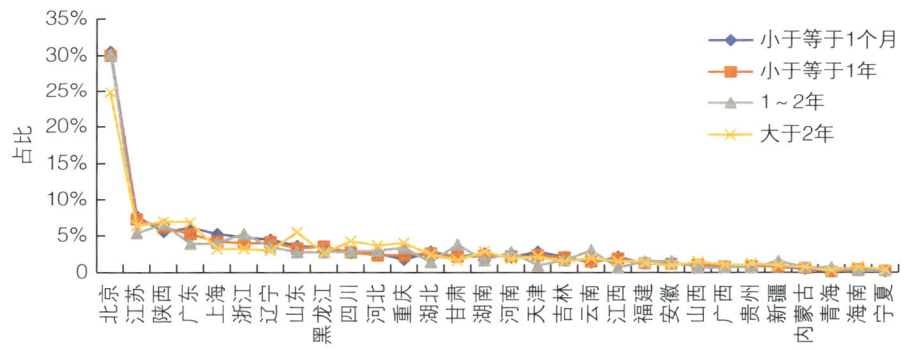

图8-47 流失用户地域分布（2013—2017年）

图表描述：①北京用户占比远高于其他省份，4个统计项的占比均为第一；②不同省份在存活时间区间上的分布不一样，如重庆"大于2年"的占比要高于"小于等于1个月"，表明该市用户在整体上的存活时间相对较长。

3）存活时间分布相对占比分析

分析目的：了解不同省份的存活时间区间分布。

分析对象：2013—2017年注册的流失用户数据（8155个）。

分析过程：①对样本总体的存活时间进行计算，发现"小于等于1个月""小于等于1年""1~2年""大于2年"所占比例分别为43.8%、73.8%、12.0%和14.2%；②分别计算不同省份的相应占比，并将其与样本总体占比相减，得到所有省份的存活时间分布的相对占比，结果如图8-48所示。

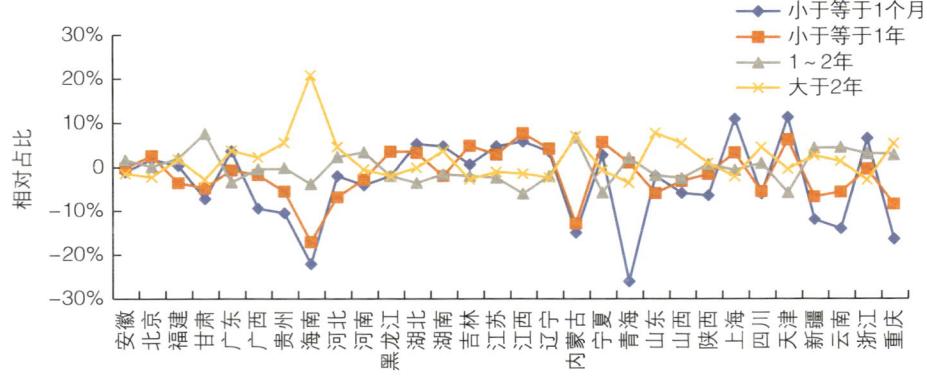

图 8-48 存活时间相对占比对比

数据说明：①存活时间区间划分说明参见本部分"存活时间分析"；② 2013—2017 年注册的流失用户总数为 8155 个，由于无效数据的存在，图中实际样本个数为 7708 个。

图表描述：不同省份的存活时间相对占比存在很大差异，如海南，其"大于 2 年"的用户占比高于均值，其他几项则低于均值；而天津、上海等省份则刚好相反，其"小于等于 1 个月"的占比明显高于均值。

（3）聚类分析

1）存活时间分布相对占比的地域聚类

分析目的：根据省份存活时间划分类别。

分析对象：2013—2017 年注册的流失用户数据（8155 个）。

分析过程：①利用存活时间分布相对占比分析的数据进行相关分析，发现"小于等于 1 个月"与"小于等于 1 年"数据之间存在强正相关；②以"小于等于 1 个月""1～2 年""大于 2 年"作为指标对省份进行聚类，选择 K-Means 算法并取 $K=3$，结果如表 8-40 所示。

数据说明：表中比例为相对于均值的比例。为正说明高于均值，为负则低于均值。

图表描述：①聚类结果特征明显，海南是 1 个奇异点，存活时间在"1 个月以内"的用户比例远低于均值，"大于 2 年"比例则刚好相反；②安徽等 22

个省份的流失用户的存活时间分布比较类似,相对占比接近为 0,表明它们是形成样本总体比例分布的主体力量;③甘肃等 7 个省份的存活时间分布比较突出,"1 个月以内"比例低于均值,"1 ~ 2 年"比例高于均值,表明这些省份的用户存活时间要高于整体情况,用户忠诚度相对较高。

分析不足:表中聚类结果实际上仅利用了存活时间一个指标,这使得分析结果不够全面。例如,虽然海南省用户存活时间较长,但其流失用户数量非常少(26 个)。

表 8-40 存活时间分布相对占比的聚类结果

类别	个数/个	省份	聚类中心		
			1 个月以内	1 ~ 2 年	2 年以上
1	22	安徽、北京、福建、广东、广西、贵州、河北、黑龙江、湖北、湖南、吉林、江苏、江西、辽宁、宁夏、山东、山西、陕西、上海、四川、天津、浙江	0.7%	-1.1%	0.9%
2	7	甘肃、河南、内蒙古、青海、新疆、云南、重庆	-13.4%	4.7%	1.3%
3	1	海南	-22.1%	-3.3%	20.6%

2)多因素指标的地域聚类

分析目的:更全面地刻画流失用户特征。

分析对象:2013—2018 年注册的流失用户数据(10 205 个)。

分析过程:以人均订单请求量、平均存活时间(以月为单位)和平均预付款余额为指标对省份数据进行汇总,选择 SPSS 中的 TwoStep Cluster 展开聚类分析(类别个数选定为 6),结果如表 8-41 所示。由于指标的量纲不同,聚类时对数据进行了标准化处理。

图表描述:①北京、海南和西藏是 3 个奇异点,北京的流失用户、海南的人均订单请求量远高于其他省份,西藏的流失用户仅为 1 个;②贵州等 6 个省份的人均订单请求量和人均预付款余额都比较突出,表明它们不仅对跟

NSTL 合作有比较浓厚的兴趣，而且表现在行动上；③对其他地域，安徽等 13 个省份几个指标都高于甘肃等 9 个省份，表明 NSTL 在这些地区的影响力略强，对甘肃、黑龙江等地域有必要加大宣传推广。

表 8-41 多因素地域聚类结果

类别	个数/个	省份	聚类中心			
			流失用户/个	人均订单请求量/个	平均存活时间/个月	人均预付款余额/元
1	1	北京	2993.0	15.4	6.6	70.4
2	1	海南	26.0	58.0	15.0	58.9
3	1	西藏	1.0	1.0	0.1	2.7
4	6	贵州、内蒙古、山东、陕西、四川、云南	244.0	23.1	10.6	75.5
5	13	安徽、福建、广东、广西、河北、河南、湖北、湖南、江苏、辽宁、上海、新疆、重庆	261.6	14.7	8.7	51.9
6	9	甘肃、黑龙江、吉林、江西、宁夏、青海、山西、天津、浙江	193.2	10.6	7.0	31.0

3）流失用户聚类分析

分析目的：划分流失用户类别并了解其特征。

分析对象：2013—2018 年注册的流失用户数据（10 205 个）。

分析过程：以预付款余额、订单请求量、存活时间（月）和请求频率为指标展开聚类分析，结果如表 8-42 所示。采用的聚类算法是 TwoStep Cluster，类别个数选定为 3。由于指标的量纲不同，聚类时对数据进行了标准化处理。

图表描述：①聚类结果特征非常明显，大约 83% 的流失用户订单请求量、预付款余额、存活时间很低；②有 2.4% 的流失用户预付款余额、订单请求量、请求频率都很高；③约14.7%的流失用户，其存活时间很长，但请求频率很低。

结论与建议：①约83%的流失用户属于临时性用户，其存活时间短，客户价值低；②约2%的流失用户是大客户，这部分用户的流失非常可惜，由于其预付款余额还比较多，建议对他们采取一定的挽留措施；③约15%的流失用户可视为处于休眠状态，其存活时间很长，但请求频率很低，这部分用户的需求比较稳定，建议对他们采取"激活"措施并开展信息推介活动。

表8-42　流失用户聚类结果

类别	个数/个	占比	聚类中心			
			预付款余额/元	订单请求量/个	存活时间/个月	请求频率/（次/天）
1	244	2.4%	821.8	162.7	16.9	8.42
2	1500	14.7%	86.7	38.5	34.0	0.05
3	8461	82.9%	30.8	7.1	2.8	0.74

（4）特征分析小结

1）存活时间特征

- 2013—2018年注册的流失用户的存活时间均值为7.73个月，中位数为1个月；
- 约60%流失用户的存活时间不超过1年，近年来存活时间呈下降趋势。

2）地域分析

- 在流失用户数量上，北京远高于其他省份。其他相对较多的省份还有江苏、陕西和广东；
- 海南流失用户的存活时间较长，天津、上海等则刚好相反；
- 贵州、内蒙古、山东、陕西、四川和云南6个省份的流失用户，在人均请求量上比较突出，表明它们对与NSTL合作有着比较浓厚的兴趣。由于其预付款余额还较多，建议对其开展挽留工作。

8.9.11 流失用户生存分析

（1）生存时间分布分析

1）整体状况

分析目的：利用流失数据，分析 NSTL 用户生存时间。

分析对象：2013—2020 年所有用户数据（13 076 个）。分析中，若不足 1 个月按 1 个月统计，若介于 1 个月到 2 个月，则统计为 2 个月，依此类推。

分析过程：生存分析中的寿命表方法。分析工具选择 SPSS 生存分析模块中的 Life Table 方法，生存函数和风险函数如图 8-49 所示。

图表描述：①中位生存时间为 4 个月；②相当比例的用户存活时间在 3 个月之内，流失速度较快，有较高的流失风险，为 0.4 左右；③3 个月之后的用户流失呈现出比较稳定的水平，流失风险明显降低。因此，可以将 3 个月作为用户生存时间的重要节点，3 个月内用户往往呈现出快速流失特点。

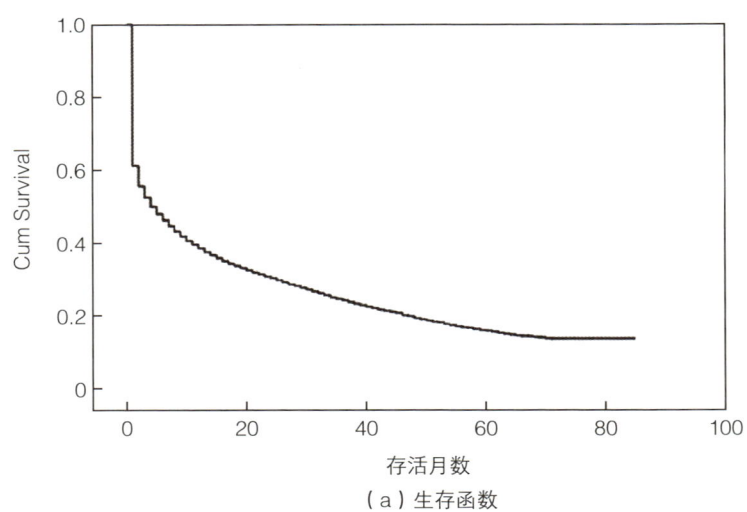

（a）生存函数

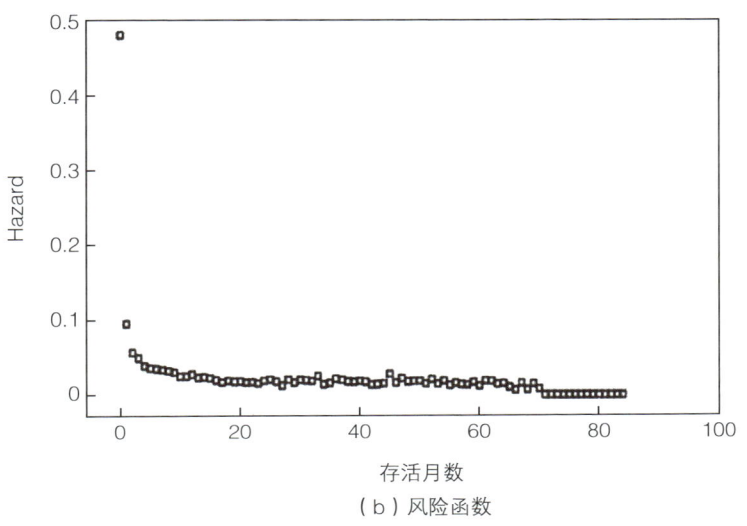

(b）风险函数

图 8-49　用户生存时间情况

2）经常用户

分析目的：在 13 076 个用户中，由于存在部分用户在订购少量文献后就很快流失的情况，因此这部分用户的生存时间并不能完全反映用户的真实流失情况，为此，仅分析经常用户（文献请求时间分布在一天以上的用户）的生存时间分布。

分析对象：排除文献订购时间在一天之内（订购可能不限于 1 篇）的用户后，剩余用户 8054 个。

分析过程与图表描述：生存分析中的寿命表方法。分析工具选择 SPSS 生存分析模块中的 Life Table 方法，生存函数和风险函数见图 8-50。中位生存时间为 21.65 个月。

结论与建议：①游客用户访问是用户较高流失率和较短的中位生存时间的主要原因。不考虑游客用户的情况下，中位生存时长约为 2 年；② 0～3 个月是用户流失的高风险期，之后会降到相对较低的水平。

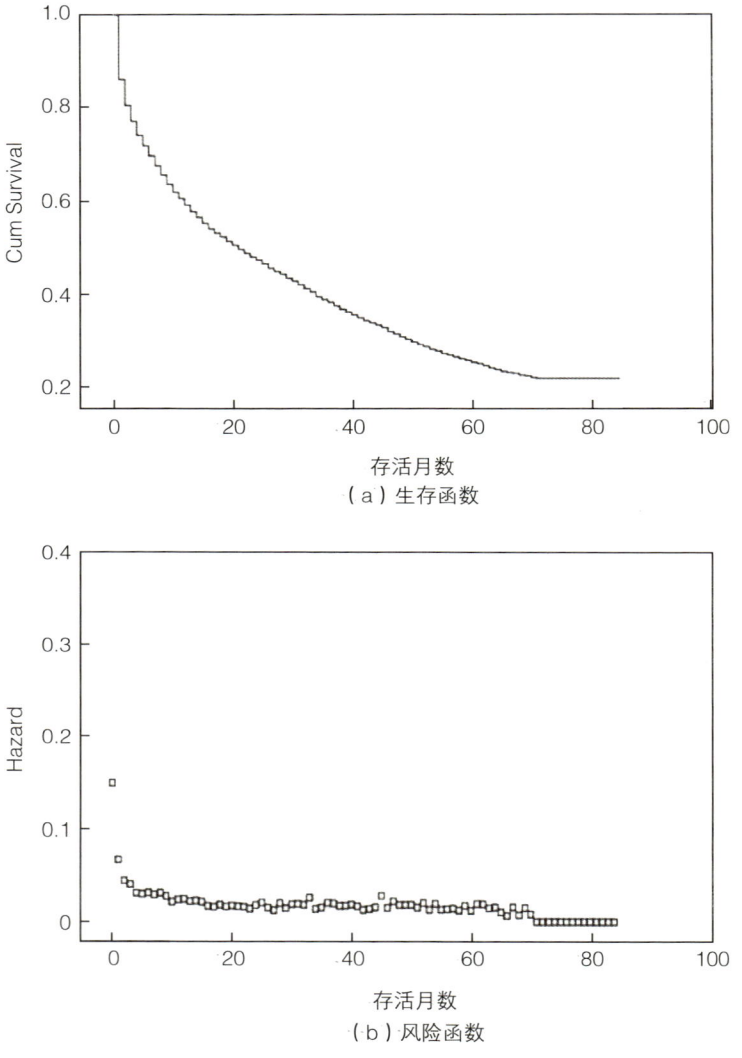

图 8-50　经常用户生存时间情况

3) Weibull 拟合

分析目的：在生存分析中，当生存函数服从特定分布时，可以采用参数估计法来拟合，最为常用的是 Weibull 分布，其生存函数形式为：

$$S(t) = e^{-\lambda t^{\alpha}}, \qquad (8-1)$$

式中，$\lambda > 0$，是尺度参数；$\alpha > 0$，是形状参数。

分析对象：非游客用户（8054 个）。

分析过程与图表描述：①利用 P-P 图对用户的生存时长进行 Weibull 检验，结果如图 8-51（a）所示。从图中近似形成直线的各点可以看出，这些用户的生存时长数据符合 Weibull 分布。②根据上述公式进行回归拟合（初始值取 $\lambda=1$，$\alpha=0.5$），结果见表 8-43。参数估计值分别为 $\lambda=2.268$、$\alpha=0.226$，拟合优度 $R^2=0.848$；③实测值和模型预测的对比情况如图 8-51（b）所示。

结论与建议：通过对比拟合优度、参数标准误的结果，可以认为非游客用户的生存时长分布符合 Weibull 分布，函数表达式为：

$$S(t) = e^{-2.268 t^{0.226}}。 \qquad (8-2)$$

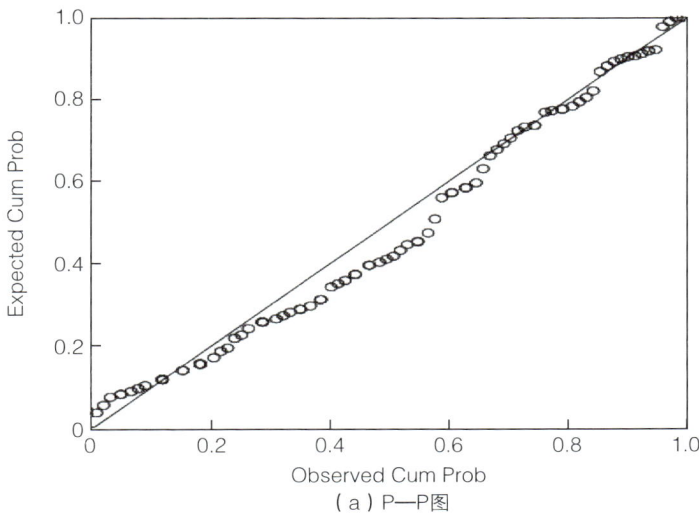

（a）P—P 图

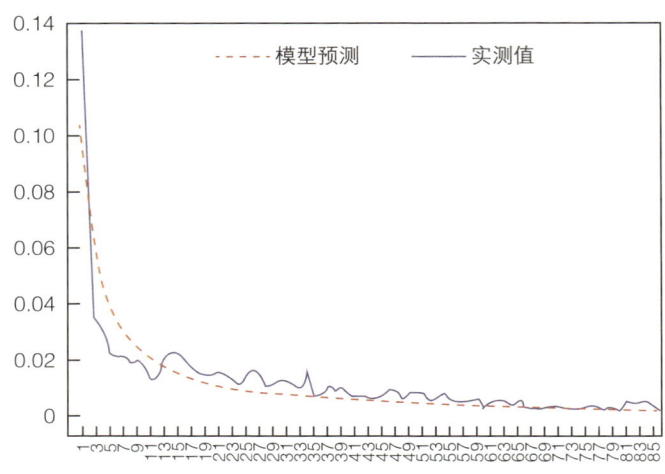

存活月数
（b）拟合对比

图 8-51　Weibull 分布拟合

表 8-43　Weibull 拟合参数估计

参数	估计值	标准误	95% 置信区间	
			下限	上限
λ	2.268	0.046	2.177	2.359
α	0.226	0.010	0.206	0.245

（2）生存时间对比

1）类别划分对比

分析目的：了解不同类别用户的生存时间分布状况。

分析对象：NSTL 经常用户（8054 个）。

分析过程：①选择聚类指标，包括订购次数（用户在 NSTL 订购文献的次数）、余额比例（预付款余额与缴费总额比值）、平均订购间隔（不同文献订购之间的平均时长间隔，以天为单位）、订购频率（订购次数与生存时长的比值）；②采用 TwoStep Cluster 算法对非游客用户进行聚类（取 $K=3$），结果见表 8-44；③采用生存曲线（Kaplan-Meier）对 3 类用户的生存时间进行分析，结果见表 8-45 和图 8-52。

图表描述：①从表 8-44 中可以看出，聚类特征非常明显。1 类用户个数较少，仅占总数的约 3%，特征为平均订购间隔短、订购次数多、订购频率高；2 类用户个数为 3335 个（约占 41%），特征为平均订购间隔长、余额比例高、订购频率低；3 类用户个数为 4443 个，特征为余额比例比较低。基于上述特征，可以大体上将 1 类用户归为需求量较大的大客户；2 类用户归为偶尔订购文献的间歇性客户；3 类用户的所有指标都不突出，为一般用户。②从各类用户的中位生存时间来看，1 类用户为 1 个月，2 类用户为 33 个月，3 类用户为 14 个月，并分别采用了对数秩检验（Log Rank）、Wilcoxon 检验和 Tarone-Ware 检验，三者的 Sig 值均小于 0.001，说明用户的生存时长具有显著性差异。③从图 8-52 生存函数和累积风险函数中可以发现 1 类用户注册初期的流失风险非常高，然后迅速降低到接近 0 的水平；2 类和 3 类用户的生存时间分布更为类似，但 2 类用户流失速度明显慢于 3 类用户。

结论与建议：结合表 8-44 和图 8-52 分析 1 类用户，可以看出，大客户的流失风险呈两极分化状态。一部分用户在注册后大量地订购文献，然后迅速地消失，流失风险非常高；另一部分则刚好相反，虽然同样是订购次数多并且订购频繁，但流失风险非常低。结合 NSTL 现状，本书认为前者是短期用户行为，如出于完成项目需要而产生的文献需求，在项目完成后自然需求也消失；后者是 NSTL 的核心客户，需求量大，忠诚度高。

表 8-44　用户聚类结果

类别	用户个数/个	聚类中心			
		订购次数/次	订购频率	平均订购间隔/天	余额比例
1	276	686.2	3.3	0.9	0.2
2	3335	30.4	0.1	59.0	0.7
3	4443	47.5	0.2	21.3	0.1

表 8-45　不同类别用户的中位生存时间　　　　　　　　　　单位：个月

类别	估计值	标准差	95% 置信区间	
			下限	上限
1	1.0			
2	33.0	1.1	30.8	35.2
3	14.0	0.6	12.8	15.2

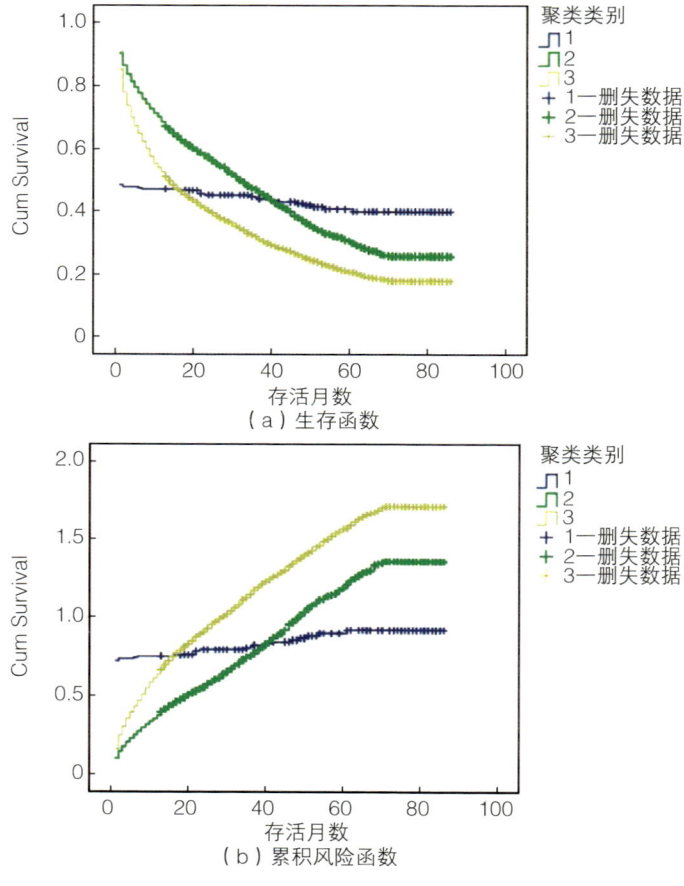

图 8-52　类别划分对比分析

2）试用卡分组对比分析

分析目的：对比分析试用卡用户与非试用卡用户的生存时间分布。

分析对象：2013—2018年所有用户数据（13 076个），其中，试用卡用户3164个，非试用卡用户9912个。在试用卡用户中，剔除个数为810个，占25.6%；在非试用卡用户中，剔除个数为2061个，占20.8%。

分析方法：将试用卡用户与非试用卡用户分组，采用Kaplan-Meier法进行分析。结果如表8-46、图8-53所示。

图表描述：①试用卡用户的生存时间要明显长于非试用卡用户。采用Log Rank检验、Breslow检验和Tarone-Ware检验进行假设检验，三者的Sig值全部小于0.01，表明试用卡用户和非试用卡用户的生存时长存在显著性差异。②试用卡用户与非试用卡用户的生存函数曲线形状类似，但非试用卡用户的流失速度明显快于试用卡用户。

结论与建议：①试用卡用户与非试用卡用户的生存时长存在显著差异，试用卡用户的流失速度要慢于非试用卡用户；②试用卡用户与非试用卡用户的流失走势很相似，两者主要是在存活时间长度上不同。

表8-46　中位生存时间　　　　　　　　　　　　单位：个月

类别	用户个数/个	估计值	标准误差	置信区间（95%）	
				下限	上限
赠卡用户	3164	5.00	0.38	4.26	5.74
非赠卡用户	9912	3.00	0.19	2.62	3.38
总体	13 076	3.00	0.20	2.61	3.39

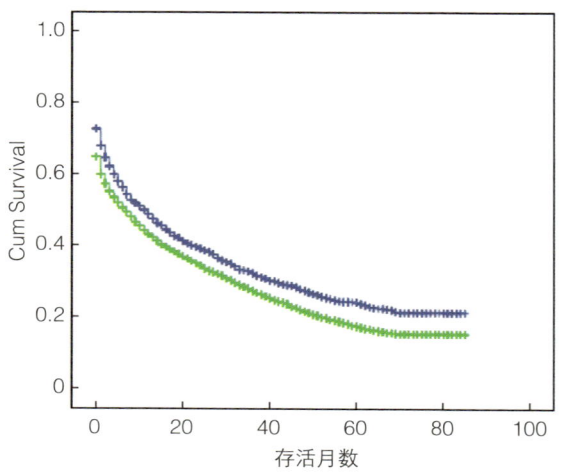

图 8-53 K-M 分析的生存曲线

（3）用户生存分析小结

- 临时性用户（游客）的流失是 NSTL 高用户流失率和短中位生存时间的主要原因。排除掉临时性用户（游客）后，中位生存时长约为 2 年。
- 用户在注册后的 3 个月内流失风险最高，随后快速下降到较低水平。生存时长分布符合韦伯（Weibull）分布。
- 通过聚类分析可知，不同类别的用户呈现出较为明显的特征，其生存时长存在显著差异。大客户的流失风险呈现两极分化状态，虽然都是订购量大、订购频率高，但一部分迅速流失，另一部分的流失风险则接近 0。
- 试用卡用户的生存时长明显高于非试用卡用户。

8.9.12 小结

（1）主要结论

以 2019 年是否有订单请求作为流失判定条件，2013—2018 年注册的个人用户中，接近 80% 已流失。2018 年新注册的 2924 个订购用户中，有 2050

个用户在 2019 年没有再次请求文献。虽然每年新注册的个人订购用户数量在增加，但流失量也在增加。2017—2018 年，每年流失用户数量已接近新注册订购用户数量，造成 NSTL 每年订购用户数量增长缓慢。

每年新注册的个人订购用户中，约 45% 会在当年就流失，其数量约占该年用户流失总量的 64%。2013—2017 年注册的个人订购用户中，59.1% 的存活时间不超过 1 年，19.7% 的用户长期订购。生存分析结果显示，用户在注册后 3 个月的流失风险很高，之后迅速下降到一个较低的水平。总之，NSTL 个人订购用户的流动性很大。

NSTL 个人用户的高流失率和短中位生存时间主要由游客引起。在仅考虑经常用户的情况下，中位生存时间接近 2 年。

通过聚类划分用户类别，各类用户特征明显，各类用户的生存时长存在显著差异。大客户（订购量大、订购频率高）的流失风险呈现两极分化，一部分迅速流失，另一部分流失量接近 0。

（2）建议

加强对快速流失用户的分析。虽然在网络环境下"游客"现象不可避免，但用户注册后 3 个月的高流失风险还是需要引起重视，要重点分析其流失原因，这不仅有利于 NSTL 服务模式创新和服务质量提高，对提高用户保持率也有着重要意义。

加强对大客户的回访。大客户订购量大、订购频率高，是 NSTL 的宝贵财富，任何流失都是重大损失。虽然用户流失原因可能是阶段性需求变更，但变更后并不等于就不再有文献需求。如果能通过回访、访谈等方式建立起长期合作关系，对 NSTL 发展无疑有着重要的积极意义。

开展用户流失预警工作。用户流失前存在着一些行为特征，可以考虑进一步建立用户流失预警模型识别潜在的流失用户，从而为用户保持提供支持。

8.10 基于RFM的重点个人用户分析

8.10.1 方法介绍与分析步骤

RFM分析是广泛应用于商业营销的一种客户细分方法，它通过"最近一次购买R（recency）""购买频率F（frequency）""购买金额M（monetary）"3个客户行为指标来分析客户价值。其中，R指最后一次购买日期到分析时间点的时间间隔；F指客户在某一期间内的购买次数；M指在某一期间内的消费总额。由于RFM分析中的指标都与客户行为有关，因此通过计算R×F×M能很好地反映客户真实价值。

利用RFM划分用户需要先讨论以下问题：①时间段的选取，RFM分析中的3个指标都与时间段划分有关；②指标权重的选择，RFM分析的缺点之一是指标F与指标M之间存在多重共线性；③指标量纲的处理。

结合实际情况，本部分基于RFM的NSTL用户分析步骤如下：①选择2018年全年为分析时间段，分析时间点定为2019年1月1日。②为消除量纲的影响，先对R、F、M指标进行标准化处理，然后进一步转换到[0, 1]区间。转换的目的是消除标准化数值中的负数。③将标准化后的R×F×M的计算结果作为用户的价值评分。这里对指标权重不加以讨论，主要是考虑到NSTL服务内容相对单一，购买频率（对NSTL来说即文献请求次数）和花费金额理应占有较大的权重。另外，NSTL用户包括个人用户和集团用户，集团用户又继续划分为集团注册用户和集团从属用户，本部分仅针对个人用户进行实证分析。

8.10.2 结果分析

从用户数据中抽取相关信息，抽取字段包括最后一次订购日期、2018年订购次数和2018年花费总额。2018年有文献订购的用户个数为6260个，分别计算其RFM值并按降序排列，取前1200个为重点用户（约20%），其余的为一般用户。表8-47是一般用户与重点用户预付款余额、历年花费总额、历年订购总数、2018年花费总额和2018年订购次数的统计结果。从表中数据上看，两种用户在统计项上存在显著差别，一般用户在花费总额与订购次数上远低于重点用户。

表 8-47 一般用户与重点用户频数分析

类别			预付款余额/元	历年花费总额/元	历年订购总数/次	2018年花费总额/元	2018年订购次数/次
一般用户	均值		183.64	137.28	26.89	22.30	5.80
	最小值		0.00	0.00	1	0.30	1
	最大值		99 868.50	8662.70	2279	642.00	150
	百分位	25%	2.10	9.40	2	4.20	1
		50%	16.70	25.80	7	11.80	3
		75%	86.70	113.94	23	26.00	8
重点用户	均值		1552.05	2071.27	350.60	549.27	121.10
	最小值		0.00	37.20	3	37.20	3
	最大值		99 948.55	122 276.70	14 817	36 223.60	5138
	百分位	25%	51.84	241.00	51	106.22	32
		50%	213.67	550.55	123	187.05	50
		75%	768.13	1549.10	297	381.12	91

图 8-54 是重点用户和一般用户的地域分布结果。北京重点用户个数为 396 个，远高于其他省份，为便于表示在图中略去。从图中可以看出，江苏、陕西和浙江等是重点用户相对较多的省份；黑龙江一般用户比较多，但重点用户比例较小。

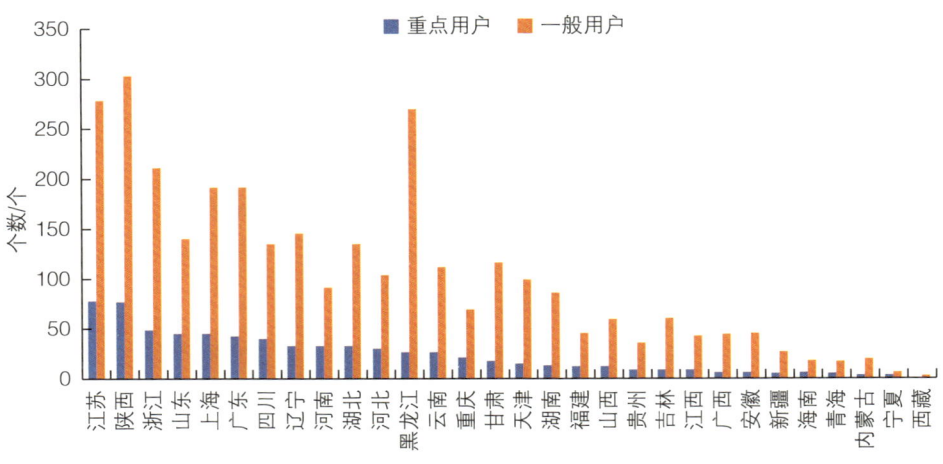

图 8-54 地域分布（不含北京）

图 8-55 是两种用户的注册年份分布。相较之下，重点用户年份分布更为均匀，说明其是多年积累下来的结果，是 NSTL 的核心用户和宝贵资产。因此，对重点用户的回访和调研有必要进一步加强，以维持其忠诚度。

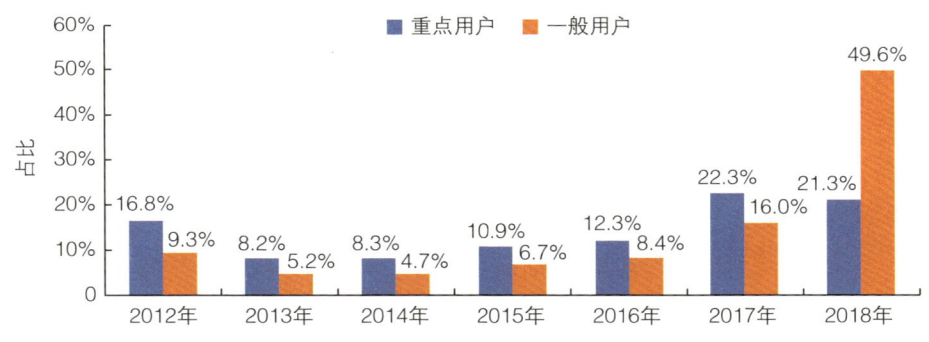

图 8-55 注册年份分布

图 8-56 是两种用户的机构类型分布（有大约 1/3 用户的机构性质无法提取，图中比例仅相对成功提取后的用户个数）。从图中可以看出：①重点用户主要集中在企业、教育机构和信息机构，约各占 1/4；②一般用户比例分布

很不均匀，教育机构用户比例远高于其他机构；③科研机构所占比例在两种用户中都不突出。

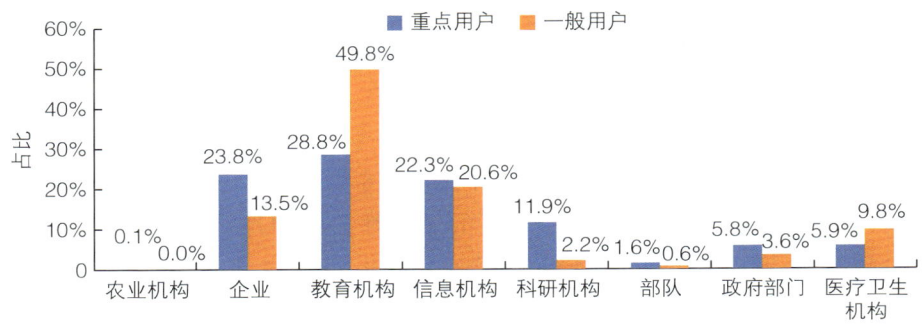

图 8-56 机构类型分布

8.10.3 主要结论与方法评价

对 RFM 分析结果与订购次数、花费金额进行相关分析，发现三者间存在明显的正相关关系，说明在基于 RFM 的 NSTL 用户分析结果中起主要作用的是用户文献订购次数。由于 NSTL 服务内容比较单一，该结果还比较合理，表明将 RFM 引入信息用户分析中有着一定的实际意义，但在指标的选择上有待进一步深入。对 NSTL 来说，从分析结果中可以看出：①重点用户的文献订购量远高于一般用户，对重点用户的回访和调研有必要进一步加强；②北京、江苏、陕西、浙江是重点用户相对较多的地域，黑龙江一般用户比例相对较高；③重点用户是多年积累下来的结果，有着更高的忠诚度。

8.11 个人用户价值矩阵分析

8.11.1 方法介绍

价值矩阵分析是用户价值分析的另外一种方法，它通过用户属性构建分类矩阵来细分用户，并在此基础上制定相应策略，通常选择的指标为潜在价值和当前价值。下面利用价值矩阵分析来分析 NSTL 用户，方法如下：①选择

2017 年、2018 年在 NSTL 有文献请求的用户为分析对象，共 9078 个；②以 2017 年、2018 年的年均文献请求量为用户当前价值；③以 2018 年的文献请求增长率为用户潜在价值，计算公式为：

$$潜在价值 = \frac{2018\text{ 年请求量} - 2017\text{ 年请求量}}{2017\text{ 年请求量}}。 \qquad (8-3)$$

对 2017 年有文献请求但在 2018 年没有请求的用户（2818 个），增长率设定为 -1；对在 2017 年没有文献请求但在 2018 年有请求的用户（3604 个），不纳入本次分析。因此，本部分分析的实际对象是 5474 个在 2017 年有文献请求的用户。与 RFM 分析一样，本部分分析仅针对 NSTL 个人用户。

8.11.2　结果分析

以横轴表示当前价值，纵轴表示潜在价值，两轴相交于均值画图，结果见图 8-57（为方便展示，在不影响分析结果的前提下对极值进行过一些转换）。图中第一象限指当前价值与潜在价值均大于均值的用户，第二象限指当前价值大于均值、潜在价值小于均值的用户，依此类推。下面对各象限的用户分别进行论述。

① 第一象限是核心用户，共 304 个，约占总数的 6%。这类用户当前价值和潜在价值都较高，对 NSTL 发展有着重要价值，但数量较少。要加强与核心用户的沟通和联络，了解其需求并改善服务模式，对每个用户设计和实施一对一的用户保持策略，持续不断地向他们提供超期望价值的服务。

② 第二象限是预警用户，共 640 个，约占总数的 12%。这类用户当前价值很高，但潜在价值较低。从客户生命周期的角度看，预警用户与 NSTL 的关系可能处于稳定期后期，曾经对 NSTL 的发展起过一定的作用，但其发展潜力不大，并且有流失的风险。对预警用户要适当加以挽留，了解其对 NSTL 服务的不满并加以改善。

③ 第三象限是一般用户，共 3978 个，约占总数的 73%。这类用户当前价值和潜在价值都很低，大多属于一次性用户，并且数量最多。对一般用户的挽留成本会很高，能维持现状即可。

④ 第四象限是潜在用户，共 552 个，约占总数的 10%。这类用户的特征是当前价值低，潜在价值高，从客户生命周期的角度看，他们与 NSTL 的关系处在形成期后期或稳定期前期。用户对 NSTL 比较满意，建立了一定的忠诚度，并愿意增加文献请求量，推进关系向前发展。对潜在用户应该加大资源投入力度，推动客户关系尽快进入稳定期。

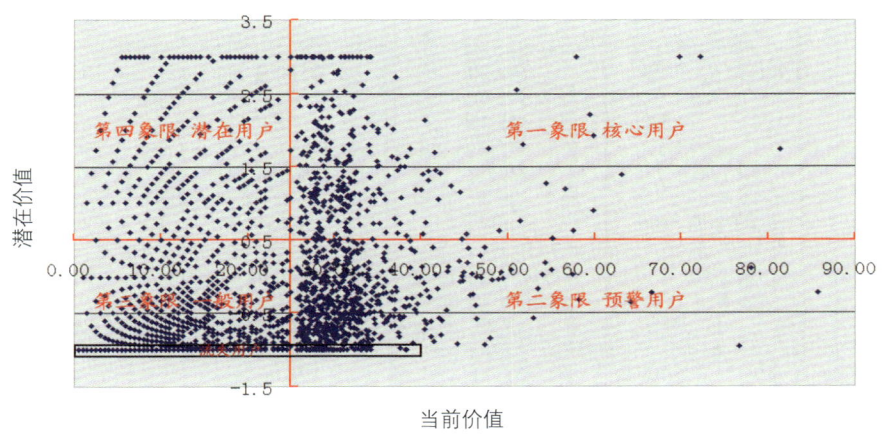

图 8-57　用户价值矩阵分析

表 8-48 是核心用户、潜在用户与一般用户的特征分析结果，其中订购次数为历年文献请求次数总和。从表中数据看，核心用户、潜在用户的预付款余额、花费总额、订购次数的均值都高于一般用户，表明他们对 NSTL 的现在和未来发展有着重要的意义，有必要加强相关的回访和调研工作，以强化相互之间的关系。

表 8-48 用户特征分析

类别			预付款余额/元	花费总额/元	订购次数/次
核心用户	均值		1860.34	2502.20	440.5
	最小值		0.00	79.35	50.0
	最大值		95 409.70	90 672.70	14 817.0
	百分位	25%	65.13	363.50	93.0
		50%	247.20	713.30	154.0
		75%	925.35	2070.33	367.5
潜在用户	均值		428.64	262.14	44.6
	最小值		0.00	2.40	3.0
	最大值		99 948.55	5338.90	600
	百分位	25%	15.23	47.90	12.0
		50%	67.70	125.00	28.0
		75%	203.66	277.03	49.8
一般用户	均值		143.28	173.11	32.0
	最小值		0.00	0.15	1.0
	最大值		23 082.90	16 336.60	4361
	百分位	25%	2.28	12.60	3.0
		50%	17.90	41.40	9.0
		75%	86.50	149.10	29.0

8.11.3 方法评价与主要结论

价值矩阵分析将客户潜在价值可能带来的影响考虑在内，因此能较为全面地度量用户的总体价值。不足之处在于分析中没有涉及客户忠诚度这一指标。忠诚度低的用户，即使拥有很高的当前价值和潜在价值，对企业发展来说也不具有太大的现实意义。

对比 RFM 分析和价值矩阵分析可以看出，前者侧重于考查当前价值一个维度，后者则将增长率计算在内。由于 NSTL 服务内容相对单一，价值矩阵分析结果显得更为丰富和合理。但本书的价值矩阵分析还存在以下局限：①当前价值计算利用的是 2017 年与 2018 年的数据，但实际划分的却是 2017 年一年有文献请求的用户，潜在价值的计算方法有待修正和改进；②在用户细分之后，并未对用户特征作深入分析。

第 9 章

结　语

本书从促进图书馆对用户行为需求的把握，构建图书馆用户画像的应用出发，从用户数据的产生过程、采集渠道、规范清理方法、融合模型、标签体系设计等角度入手，研究了图书馆多源异构用户数据在描述、存储、计算、挖掘等环节面临的关键问题，同时设计了图书馆用户画像系统的总体功能，并分别通过对典型学者型用户和国家科技图书文献中心的真实用户数据进行实证分析，提出了具有实践指导意义的元数据框架及构建流程。

课题研究成果可应用于图书馆用户画像系统的建设，从而促进用户画像在图书馆服务中的应用。本书提出的用户元数据框架，用户异构数据整合、抽取方法，多源特征数据融合模型，用户画像标签体系及用户画像系统主要功能模块有一定学术价值，有利于图书馆用户行为相关理论方法的完善，进而促进图书馆用户信息服务理论及实践的发展。

第9章 结　语

　　用户画像系统的构建与应用能否实施和发挥作用与很多因素有关，包括数据、流程、平台功能、技术算法、隐私保护等。在现有条件下，本书侧重于研究和解决数据、流程、平台功能等方面所面临的问题，对技术算法等问题的研究还不够深入，设计的用户画像系统功能在覆盖性、齐备性等方面还存在一定欠缺，同时对于隐私保护方面的问题也未涉及。下一步，针对研究的不足，将基于现有方案，开展更为完整和深入的研究。

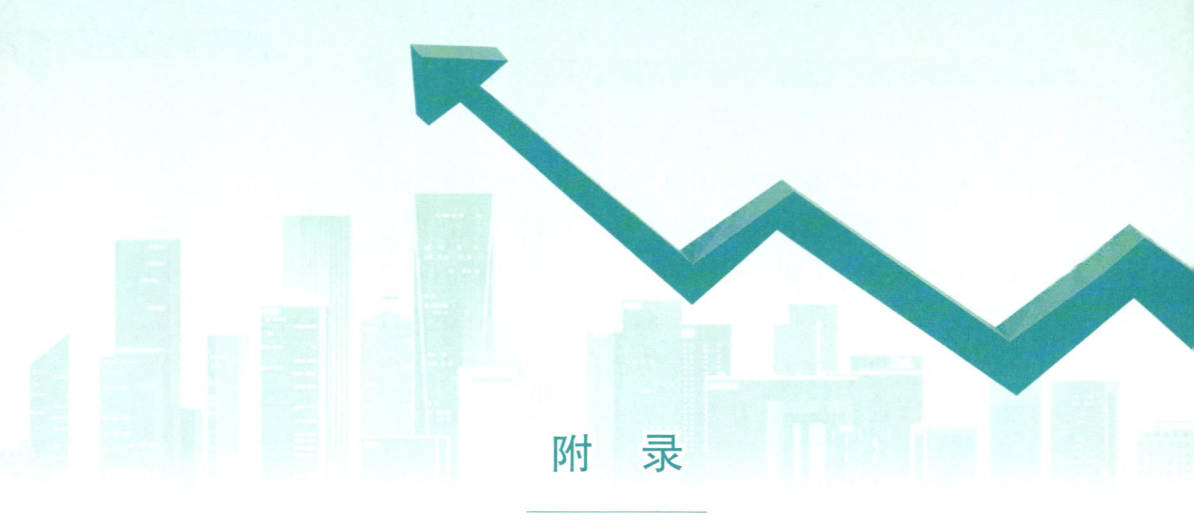

附 录

附录1 数字图书馆业务系统数据结构

附表 1-1 用户注册信息

序号	字段中文名	字段英文名	说明
1	用户ID	UserID	用户注册后,生成的系统中的唯一标识
2	登录口令	Password	大于5(和现在系统用户兼容)
3	用户名	UserName	用户的真实姓名,范围:[4,50]
4	角色代码	RoleCode	RXXXX,用于控制用户的权限
5	性别	Sex	0:男,1:女
6	证件类型	IDCardtype	(需要确定哪些证件类型)身份证、军官证、有效护照
7	证件编号	IDCard	
8	出生日期	Birthday	格式:yyyy-mm-dd
9	国家	Country	(参照国家代码表)
10	省份	AreaCode	所在的省份地区
11	教育程度	EducationCode	所受的教育程度

续表

序号	字段中文名	字段英文名	说明
12	职业	IndustryCode	工作所属的行业性质
13	联系电话	Phone	用户的电话
14	手机	MobilePhone	用户的手机号码
15	传真号码	Fax	用户的传真号码
16	邮政编码	Postalcode	用户的邮政编码
17	通信地址	Address	用户的通信地址
18	电子邮件地址	e-mail	用户的电子邮件
19	缺省投递方式	PostType	格式：Mxx；分为：M00 平信、M01 挂号、M02 印刷品、M03 传真、M04 特快专递、M05 电子邮件（参照投递方式表）
20	集团 ID	GroupID	所属的集团用户 ID
21	用户类型	SepUserMark	0：一般用户；1：集团用户
22	订购授权	BuyRight	0：不可订购；1：可订购
23	预付款余额	Balance	预付款余额，当为集团用户子用户时为限额
24	消费额	TotalConsume	订购费用户累计
25	注册时间	DateCreated	用户注册的时间
26	密码遗忘提示	Prompt	密码遗忘时的提示问题
27	密码遗忘答案	Key	密码遗忘时的对应答案，若此问题答对，可告诉其登录密码
28	折扣率	Discount	不同类型的用户折扣不同，用整数表示，如：80，默认值 100
29	最后登录时间	LastDate	用户上一次登录的时间
30	IP 有效性	Validation	登录时，是否检查 IP 地址。0：检查；1：不检查
31	IP 地址	IpAddress	设定 IP 校验的 IP 地址段

续表

序号	字段中文名	字段英文名	说明
32	注册站点	LibCode	用户所属的单位馆藏,及主站、镜像站与服务站
33	用户状态	UserStatus	0是可用,1是禁用,2是未激活用户,3是锁定账户
34	信用额度	Credit	
35	是否为包干用户	BatchFlag	0为否,1为正常包干用户,2为时间过期,3为包干数量用完
36	临时账号	TempUserId	
37	注册目的	Target	
38	兴趣爱好	Favorite	
39	感兴趣文献	Interest	
40	充值卡余额	ChargeCard	充值卡余额,消费时首先花费充值卡余额。默认为0
41	集团账户	GroupMoney	集团分配余额
42	发票台头(应为工作单位)	Workunit	

附表1-2 全文传递订单信息

序号	字段中文名	字段英文名	说明
1	文献订购号	DocOrderID	具体到一次订购请求中的每篇文献,提交订单时生成,生成规则:订单号+2位流水号
2	订单号	OrderID	一次请求可能包含一篇或多篇文献,提交订单时生成
3	包裹号	PackageID	文献发送(单篇文献发送,一篇文献对应一个包裹)/打包(多篇文献一起打包发送,多篇文献对应同一个包裹)时产生

续表

序号	字段中文名	字段英文名	说明
4	加急标志	VipFlag	是否加急：1—加急；0—普通 提交订单时生成
5	文献唯一标志	DocID	文献唯一识别号，与中心仓储文献数据对应，提交订单时生成
6	文献题名	DocTitle	提交订单时生成
7	作者 1	Author1	
8	作者 2	Author2	
9	作者 3	Author3	
10	文献语种	DocLan	提交订单时生成
11	文献类型	DocType	
12	子文献类型	SubDocType	
13	文献著录页数	DocRecPages	提交订单时生成
14	文献实际页数	DocPages	实际计费时使用，缺省情况下与文献著录信息一致，处理订单时填写/按照著录页数生成默认值
15	出版年	PubYear	
16	母体文献 ID	JournalId	如果是期刊/会议论文，则记录期刊 ID/会议录 ID，否则为空
17	文献母体信息	SourceInfo	
18	电子全文路径	DocStorePath	电子全文在分中心存储服务器中的存储路径，处理订单时生成
19	文献提取路径	AccessPath	
20	传递方式	TransType1	M00—平信；M01—挂号；M02—印刷品；M03—传真；M04—特快转递；M05—电子邮件；M06—电子下载（具体定义与相关代码表保持一致）；提交订单时生成
21	备用传递方式	TransType2	同上。提交订单时生成

续表

序号	字段中文名	字段英文名	说明
22	实际传递方式	TransType	
23	请求提交时间	OrderTime	读者提交请求的时间 提交订单时生成
24	请求接收时间	AcceptTime	分中心接收请求的时间
25	请求完成时间	FinishTime	分中心完成请求的时间
26	执行单位代码	FinLibCode	处理请求的分中心代码（缺省取值为馆藏代码）；一般情况下，馆藏单位即处理请求的单位 提交订单时生成
27	馆藏代码	LibCode	传递文献的实际来源单位代码（缺省情况下是处理请求的分中心，如果该分中心在实际工作中发现本单位文献缺失，通过馆际互借等手段完成请求，则取值为实际的馆藏代码）
28	处理状态	DoFlag	01：已提交；02：处理中；03：打包中；04：已发送；05：延迟发送；11：装订中；12：原文缺失；13：数据错误；14：其他；15：撤销请求；60：非合理实用
29	读者提交的备注	UserMemo	提交订单时生成
30	管理员填写的备注	OrderMemo	
31	读者账户	UserID	提交请求的读者ID
32	文献下载路径	DownloadPath	中心临时下载区

附表1-3 订单费用信息

序号	字段中文名	字段英文名	说明
1	文献订购号	DocOrderID	具体到一次订购请求中的每篇文献 如果为代查代借订单，提交订单时计为订单号（14位）+00，写其他费用与预扣费用

续表

序号	字段中文名	字段英文名	说明
2	计费方式	AccountType	0：页；1：篇；2：包干；3：馆外
3	计费页数	BillingPages	当 AccountType=0 时，该字段存放实际计费扣费的页数
4	服务费	ServiceCharge	折扣前费用
5	复印费	CopyCharge	折扣前费用
6	版权费	CopyrightCharge	折扣前费用
7	加急费	VipCharge	折扣前费用
8	附加费	AdditionCharge	折扣前费用
9	其他费用	OtherCharge	折扣前费用
10	邮寄费	PostCharge	折扣前费用
11	折扣率	DiscountValue	缺省为100，表示不打折
12	预扣费用	PreCharge	提交订单时预扣费用（所有费用*折扣率），其取值并不一定等于实际发生费用（取正值）
13	适用计费规则	AccountRuleId	如果文献来源不是 NSTL，则该字段内容记为0
14	服务成本	ServiceCost	如果该文献不是由订单直接处理单位完成，则此处记录应该返还给馆藏单位的费用，即订单处理单位直接支出的费用。例如：如果文献来源不是 NSTL，则此处填写馆际互借发生的费用；如果文献来源是其他分中心，即其他分中心管理员收到转发订单，提供了电子全文，则此处填写该分中心完成请求发生的费用
15	文献来源描述	SourceUnit	填写具体的文献来源单位名称。如果是本单位提供的文献，则记为"本单位"
16	订单号	OrderId	
17	订单类型	OrderType	0：全文传递订单；1：代查代借订单

续表

序号	字段中文名	字段英文名	说明
18	包裹号	PackageID	
19	执行单位代码	FinLibCode	处理请求的分中心代码

附表 1-4 订购读者通讯表

序号	字段中文名	字段英文名	说明
1	记录唯一标识	OrderId	从全文传递订单表和代查代借订单表中取 OrderId
2	读者账户	UserID	提交请求的读者 ID
3	读者类型	UserType	0：普通；1：临时；2：卡用户
4	地域标志	LocFlag	0：京内；1：大陆—京外；2：国外及港澳台地区
5	收件人	AcceptName	
6	联系电话	AcceptTel	允许存储多个电话号码
7	e-mail	AcceptE-mail	要求格式验证
8	邮政编码	AcceptPostCode	
9	通信地址	AcceptAddr	
10	传真	AcceptFax	
11	服务站用户 ID	SubUserID	

附表 1-5 代查代借直接订单信息

序号	字段中文名	字段英文名	说明
1	订单号	OrderID	
2	文献类型	DocType	0：中文；1：西文；2：全部
3	出版物名称	JournalTitle	请求文献，出版物名称
4	出版年	PubYear	文献出版年

续表

序号	字段中文名	字段英文名	说明
5	卷	PubVol	文献出版卷
6	期	PubNo	文献出版期号
7	起始页	StartPage	文献起始页码
8	截止页	EndPage	文献截止页码
9	出版者	Publisher	文献出版商
10	ISSN_ISBN	ISSN_ISBN	ISSN/ISBN 号
11	文献题名	DocTitle	文献题名
12	作者	DocAuthor	文献作者姓名（多个作者由逗号分开）
13	语种	DocLanguage	语种（由用户填写语种信息）
14	查找范围	SearchScope	该字段仅对代查代借服务有效：1.NSTL 内部查找；2. 国内范围查找；3. 国际范围查找
15	传递方式	TransType	
16	费用限制	PriceLimit	0：不限；1：20元以内；2：50元以内；3：100元以内
17	时间限制	TimeLimit	0：不限；1：一周；2：两周；3：一个月
18	服务单位	FinLibCode	处理请求的分中心代码
19	订单处理状态	DoFlag	01：已提交；02：处理中；03：打包中；04：已发送；11：装订中；12：原文缺失；13：数据错误；14：其他；15：撤销请求；16：范围超限；17：时间超限；18：费用超限；19：费用不足
20	请求提交时间	OrderTime	读者提交请求的时间
21	请求接收时间	AcceptTime	分中心完成请求的时间
22	请求完成时间	FinishTime	分中心完成请求的时间
23	读者账户	UserID	提交请求的读者 ID
24	读者提交的备注	UserMemo	

续表

序号	字段中文名	字段英文名	说明
25	管理员填写的备注	OrderMemo	
26	通知用户方式	NoticeType	1.用户登录到nstl中查看自己订单；2.通过电子邮件接收文献服务信息；3.通过手机短信方式收到文献处理情况信息

附表 1-6 代查代借订购文献

序号	字段中文名	字段英文名	说明
1	文献订购号	DocOrderID	具体到一次订购请求中的每篇文献
2	订单号	OrderID	读者提交的代查代借请求流水号
3	包裹号	PackageID	文献发送（单篇文献发送，一篇文献对应一个包裹）/打包（多篇文献一起打包发送，多篇文献对应同一个包裹）时产生 自动生成流水号
4	文献唯一标志	DocID	文献来源系统中的唯一识别号，如果该文献来自NSTL，则该标志与中心仓储文献数据对应
5	文献题名	DocTitle	
6	作者1	Author1	
7	作者2	Author2	
8	作者3	Author3	
9	文献语种	DocLan	
10	文献著录页数	DocCurrPages	
11	文献实际页数	DocPages	实际计费时使用，缺省情况下与文献著录信息一致
12	出版年	PubYear	
13	母体文献ID	JournalId	如果是期刊/会议论文，则记录期刊ID/会议录ID，否则为空

续表

序号	字段中文名	字段英文名	说明
14	文献母体文献信息	SourceInfo	
15	文献来源	SourceFlag	0：本馆内；1：本馆外
16	文献获取途径	DocStorePath	如果是 NSTL 内部获取，则存放全文在分中心存储服务器中的存储路径；否则存放实际的获取途径描述信息
17	文献提取路径	AccessPath	如果是电子传递则存储电子全文在中心仓储用户缓存中的存储路径；如果为其他传递方式，则存储相应的特快专递号等信息
18	实际传递方式	TransType	
19	请求完成时间	FinishTime	完成请求的时间
20	执行单位代码	FinLibCode	处理请求的分中心代码（缺省取值为馆藏代码）；一般情况下，馆藏单位即处理请求的单位
21	处理状态	DoFlag	01：已提交；02：处理中；03：打包中；04：已发送；11：装订中；12：原文缺失；13：数据错误；14：其他；15：撤销请求；16：范围超限；17：时间超限；18：费用超限；19：费用不足；20：检索命中；21：请求发送；22：请求打包；30：等待读者确认；31：读者确认发送；32：读者确认放弃；40：请求转发；50：获得全文
22	管理员填写的备注	OrderMemo1	
23	文献类型	DocType	
24	子文献类型	SubDocType	
25	馆藏单位代码	LibCode	
26	文献下载路径	DownloadPath	中心临时下载区
27	用户所属站点	UserLib	
28	是否已经结算	AccountFlag	默认为 0，表示未结算，1 为已结算

附表1-7 代查代借转发订单信息

序号	字段中文名	字段英文名	说明
1	文献订购号	DocOrderID	具体到一次订购请求中的每篇文献
2	转发订单号	SubOrderID	请求转发由系统自动生成的转发请求序号
3	原始订单号	OrderID	读者提交的代查代借请求流水号
4	文献唯一标志	DocID	文献唯一识别号,与中心仓储文献数据对应
5	文献题名	DocTitle	
6	文献语种	DocLan	
7	文献著录页数	DocCurrPages	
8	文献实际页数	DocPages	实际计费时使用,缺省情况下与文献著录信息一致
9	电子全文路径	DocStorePath	电子全文在分中心存储服务器中的存储路径
10	请求转发时间	OrderTime	分中心转发请求的时间
11	请求接收时间	AcceptTime	分中心接收请求的时间
12	请求完成时间	FinishTime	分中心完成请求的时间
13	执行单位代码	FinLibCode	处理请求的分中心代码(缺省取值为馆藏代码);一般情况下,馆藏单位即处理请求的单位
14	文献处理状态	DoFlag	01:已提交;02:处理中;03:打包中;04:已发送;11:装订中;12:原文缺失;13:数据错误;14:其他;15:撤销请求;16:范围超限;17:时间超限;18:费用超限;19:费用不足
15	转发单位提交的备注	OrderMemo	
16	处理单位填写的备注	OrderMemo1	
17	转发单位代码	ForwardLib	

附表 1-8　文献检索日志

序号	字段中文名	字段英文名	说明
1	查询日期时间	QueryDate	用户对二次文献详情查询的具体日期，格式：yyyy-mm-dd hh：mm：ss
2	用户 ID	UserID	登录的用户 ID，对于没有登录的用户统一为 unloginuser，用户名：未登录用户
3	检索词	SearchWord	实际为检索式
4	文献库类型信息	DocTypes	J01，J02
5	是否全选文献库	IsSelectAllDB	0：否；1：是
6	检索类型	SearchType	0：快速检索；1：普通检索；2：高级检索；3：期刊；4：分类；5：从检索接口；6：从服务站
7	检索分类号	CLC	只针对分类检索中选中 4 时，才往这个字段中写数据
8	检索来源	SiteCode	存储 URL　（域名）
9	IP 地址	IPAddress	

附表 1-9　文献浏览日志

序号	字段中文名	字段英文名	说明
1	浏览日期时间	BrowseDate	用户对二次文献详情查询的具体日期，格式：yyyy-mm-dd hh：mm：ss
2	用户 ID	UserID	登录的用户 ID，对于没有登录的用户统一为 unloginuser，用户名：未登录用户
3	文献记录 ID	RecordID	所查详细二次文献的记录 ID（内部自己生成）例如：文献类型代码+子文献类型代码+oracle 库名+流水号
4	文献数据库名	DocTabNameID	所查详细二次文献所属的数据库名
5	文献标题	Title	所查详细二次文献的题目

续表

序号	字段中文名	字段英文名	说明
6	文献库类型	DocType	所查详细二次文献的类型
7	子文献类型	SubDoctype	所查详细二次文献所属子类型
8	所属馆藏码	LibCode	所查详细二次文献的所属馆藏码，从馆藏表中读取，参考目前馆藏单位代码
9	检索来源	SiteCode	0 为本地，1 为对外接口
10	IP 地址	IPAddress	
11	日志类型	DocLogType	0 表示浏览篇级文献；1 表示浏览期刊目次

附录2　用户职称列表

系统	高级		中级	初级
	正高级	副高级		
高校教师	教授	副教授	讲师	助教
中专教师	正高级讲师	高级讲师	讲师	助理讲师、教员
技校教师	正高级讲师	高级讲师	讲师	助理讲师、教员
	正高级实习指导教师	高级实习指导教师	一级实习指导教师	二级实习指导教师、三级实习指导教师
中小学、幼儿园教师	正高级教师	高级教师	一级教师	二级教师、三级教师
自然、社会科学研究人员	研究员	副研究员	助理研究员	研究实习员
工程技术人员	正高级工程师	高级工程师	工程师	助理工程师、技术员
实验技术人员	正高级实验师	高级实验师	实验师	助理实验师、实验员

续表

系统	高级		中级	初级
	正高级	副高级		
卫生技术人员	主任医师	副主任医师	主治医师	医师、医士
	主任药师	副主任药师	主管药师	药师、药士
	主任护师	副主任护师	主管护师	护师、护士
经济专业人员	正高级经济师	高级经济师	经济师	助理经济师、经济员
会计专业人员	正高级会计师	高级会计师	中级会计师	助理会计师、会计员
审计专业人员	正高级审计师	高级审计师	审计师	助理审计师、审计员
统计专业人员	正高级统计师	高级统计师	统计师	助理统计师、统计员
新闻专业人员	高级记者	主任记者	记者	助理记者
	高级编辑	主任编辑	编辑	助理编辑
出版专业人员	编审	副编审	编辑	助理编辑
	—		技术编辑	助理技术编辑、技术设计员
	—		一级校对	二级校对、三级校对
图书文博档案专业人员	研究馆员	副研究馆员	馆员	助理馆员、管理员

附录3 用户标签及属性字段

标签ID	标签名称	序号	标签主题	一级标签ID	一级标签	二级标签ID	二级标签	标签类型 1事实类 2规则类	开发方式 1算法 2统计	是否互斥 0否 1是	规则
A1211100_01	男	01	人物特征	1	性别	0	—	1	2	1	性别 = "男"
A1211100_02	女	02	人物特征	1	性别	0	—	1	2	1	性别 = "女"
A1211200_01	青年用户	01	人物特征	2	年龄层次	0	—	1	2	1	出生年份 < n
A1211300_01	学士	01	人物特征	3	学位	0	—	1	2	1	学位 = "学士"
A1211300_02	硕士	02	人物特征	3	学位	0	—	1	2	1	学位 = "硕士"
A1211300_03	博士	03	人物特征	3	学位	0	—	1	2	1	学位 = "博士"
A1211401_01	教授	01	人物特征	4	职称	1	高校职称	1	2	1	职称 = "教授"
A1211401_02	副教授	02	人物特征	4	职称	1	高校职称	1	2	1	职称 = "副教授"
A1211401_03	讲师	03	人物特征	4	职称	1	高校职称	1	2	1	职称 = "讲师"
A1211401_04	助理教授	04	人物特征	4	职称	1	高校职称	1	2	1	职称 = "助理教授"
A1211402_01	研究员	05	人物特征	4	职称	2	事业单位职称	1	2	1	职称 = "研究员"

续表

标签 ID	标签名称	序号	标签主题	一级标签 ID	一级标签	二级标签 ID	二级标签	标签类型	开发方式	是否互斥	规则
A1211402_02	副研究员	06	人物特征	4	职称	2	事业单位职称	1	2	1	职称＝"副研究员"
A1211402_03	助理	01	人物特征	4	职称	2	事业单位职称	1	2	1	职称＝"助理"
A1211402_04	研究馆员	02	人物特征	4	职称	2	事业单位职称	1	2	1	职称＝"研究馆员"
A1211402_05	副研究馆员	03	人物特征	4	职称	2	事业单位职称	1	2	1	职称＝"副研究馆员"
A1211402_06	助理馆员	04	人物特征	4	职称	2	事业单位职称	1	2	1	职称＝"助理馆员"
A1211402_07	馆员	05	人物特征	4	职称	2	事业单位职称	1	2	1	职称＝"馆员"
A1211403_01	主任医师	01	人物特征	4	职称	3	医疗系统职称	1	2	1	职称＝"主任医师"
A1211403_02	副主任医师	02	人物特征	4	职称	3	医疗系统职称	1	2	1	职称＝"副主任医师"
A1211403_03	主治医师	03	人物特征	4	职称	3	医疗系统职称	1	2	1	职称＝"主治医师"

续表

标签ID	标签名称	序号	标签主题	一级标签ID	一级标签	二级标签ID	二级标签	标签类型	开发方式	是否互斥	规则
A1211403_04	医师、医士	04	人物特征	4	职称	3	医疗系统职称	1	2	1	职称＝"医师、医士"
A1211501_01	校长	05	人物特征	5	职务	1	高校行政职务	1	2	1	职务＝"校长"
A1211501_02	院长	06	人物特征	5	职务	1	高校行政职务	1	2	1	职务＝"院长"
A1211501_03	系主任	07	人物特征	5	职务	1	高校行政职务	1	2	1	职务＝"系主任"
A1211501_04	党委书记	08	人物特征	5	职务	1	高校行政职务	1	2	1	职务＝"党委书记"
A1211501_05	办公室主任	09	人物特征	5	职务	1	高校行政职务	1	2	1	职务＝"办公室主任"
A1211502_01	馆长	01	人物特征	5	职务	2	事业单位职务	1	2	1	职务＝"馆长"
A1211502_02	院长	02	人物特征	5	职务	2	事业单位职务	1	2	1	职务＝"院长"
A1211502_03	副馆长	03	人物特征	5	职务	2	事业单位职务	1	2	1	职务＝"副馆长"

续表

标签ID	标签名称	序号	标签主题	一级标签ID	一级标签	二级标签ID	二级标签	标签类型	开发方式	是否互斥	规则
A1211502_04	副院长	04	人物特征	5	职务	2	事业单位职务	1	2	1	职务="副院长"
A1211502_05	所长	05	人物特征	5	职务	2	事业单位职务	1	2	1	职务="所长"
A1211502_06	主任	06	人物特征	5	职务	2	事业单位职务	1	2	1	职务="主任"
A1211502_07	副主任	07	人物特征	5	职务	2	事业单位职务	1	2	1	职务="副主任"
A1211503_01	部长	01	人物特征	5	职务	3	机关单位职务	1	2	1	职务="部长"
A1211503_02	厅长	02	人物特征	5	职务	3	机关单位职务	1	2	1	职务="厅长"
A1211503_03	局长	03	人物特征	5	职务	3	机关单位职务	1	2	1	职务="局长"
A1211503_04	处长	04	人物特征	5	职务	3	机关单位职务	1	2	1	职务="处长"
A1211503_05	科长	05	人物特征	5	职务	3	机关单位职务	1	2	1	职务="科长"

续表

标签ID	标签名称	序号	标签主题	一级标签ID	一级标签	二级标签ID	二级标签	标签类型	开发方式	是否互斥	规则
A1201601_01	北京	01	人物特征	6	地区	1	中国地区	1	2	0	地区 = "北京"
A1201601_02	天津	02	人物特征	6	地区	1	中国地区	1	2	0	地区 = "天津"
A1201601_03	上海	03	人物特征	6	地区	1	中国地区	1	2	0	地区 = "上海"
A1201601_04	广州	04	人物特征	6	地区	1	中国地区	1	2	0	地区 = "广州"
……	……	……	人物特征	6	地区	1	中国地区	1	2	0	
A1201602_01	美国	01	人物特征	6	地区	2	国家	1	2	0	地区 = "美国"
A1201602_02	日本	02	人物特征	6	地区	2	国家	1	2	0	地区 = "日本"
A1201602_03	德国	03	人物特征	6	地区	2	国家	1	2	0	地区 = "德国"
……	……	……	人物特征	6	地区	2	国家	1	2	0	
B2200101_01	跨领域型	01	学术兴趣	1	主题跨度	0	—	2	2	0	领域跨度 > p
B2200101_02	专题一领域型	02	学术兴趣	1	主题跨度	0	—	2	2	0	领域跨度 < q
C2200100_01	合作型	01	交流合作	1	合作交流	0	—	2	2	0	合作 > x

续表

标签 ID	标签名称	序号	标签主题	一级标签 ID	一级标签	二级标签 ID	二级标签	标签类型	开发方式	是否互斥	规则
C2200100_02	独著型	02	交流合作	1	合作交流	0	—	2	2	0	合作 $< y$
C2200200_01	国际型	01	合作交流	2	合作交流	0	—	2	2	0	合作国家 $> l$
C2200200_02	团队型	02	合作交流	2	合作交流	0	—	2	2	0	合作强度 $> k$
D2200100_01	高产用户	01	学术成就	1	发文量级	0	—	2	2	0	发文量 $> w$
D2200100_02	高影响因子		学术成就		发文质量	0	—	2	2	0	影响因子 $> i$
D2200100_03	高被引作者用户		学术成就		被引情况	0	—	2	2	0	被引 $> m$

参考文献

[1] ALAN C.The inmates are running the asylum:why high-tech products drive us crazy and how to restore the sanity[M].2nd ed. London:Macmillan Computer Pub,2004:137-159.

[2] How Netflix will use big data to push House of Cards[EB/OL].[2021-12-12].https://gigaom.com/2011/03/18/netflix-big-data/.

[3] Facebook[EB/OL].[2021-12-12].www.facebook.com.

[4] 人物画像及"七步人物角色法"[EB/OL].[2022-10-12].https://blog.csdn.net/galaxy_fish/article/details/78248239.

[5] How to create personas your design team will believe in[EB/OL].[2022-10-12].https://userfocus.co.uk/articles/personas.html.

[6] 互联网大数据中标签的类型[EB/OL].[2022-10-12].https://blog.csdn.net/yuanqingyu0123/article/details/102580343.

[7] HENCZEL S. Creating user profiles to improve information quality[J]. Online,2004(3):30-33.

[8] Information and documentation — International library statistics:ISO 2789:2013[S/OL].[2022-10-12].https://www.iso.org/standard/60680.html.

[9] Information services and use:metrics & statistics for libraries and information providers — Data dictionary:Z39.7:2013[S/OL].[2022-10-12]. https://www.niso.org/standards-committees/z397.

[10] VIRGINIA K.E-metric and library assessment in action[J]. Journal of electronic resources librarianship,2009,21(1):15-36.

[11] COUNTER-Counting online usage of networked electronic resources[EB/OL].

[2022-10-12].https：//www.niso.org/members/counter-counting-online-usage-networked-electronic-resources.

［12］HENCZEL S. Creating user profiles to improve information quality［J］. Online，2004（3）：30-33.

［13］张昌年.一种基于VSM的检测相似重复记录的方法［J］.微电子学与计算机，2008，25（8）：184-187.

［14］CHAUDHURI S，GANJAM K，GANTI V，et al. Robust and efficient fuzzy match for online data-cleaning［C］//Proceedings of the ACM SIGMOD Conference on Management of Data.New York：ACM Press，2003：313-324.

［15］GETOOR L. Multi-relational data mining using probabilistic relational models：research summary［EB/OL］.［2017-12-15］. https：//users.soe.ucsc.edu/~getoor/Papers/getoor-mrdm01.pdf.

［16］ANANTHAKRISHNA R，CHAUDHURI S，GANTI V. Eliminating fuzzy duplicates in data warehouses［C］//Proceedings of the VLDB Conference.New York：ACM Press，2002：586-579.

［17］LEE M，HSU W，KOTHARI V. Cleaning the spurious links in data［J］. Intelligent systems IEEE，2004，19（2）：28-33.

［18］DONG X，HALEVY A Y，MADHAVAN J. Reference reconciliation in complex information spaces［EB/OL］.［2017-12-20］.https：//homes.cs.washington.edu/~alon/files/sigmod05-reconciliation.pdf.

［19］MCCALLUM A，WELLNER B. Conditional models of identity uncertainty with application to noun coreference［EB/OL］.［2022-10-12］.http：//cs.umd.edu/class/spring2012/cmsc828L/Papers/McCallumNIPS04.pdf.

［20］PEDRO D. Multi-relational record linkage［EB/OL］.［2018-01-10］. http：//www.cse.iitd.ernet.in/~parags/papers/multi-relational-mrdm05.pdf.

［21］NASRAOUI O，SAKA E. Web usage mining in noisy and ambiguous environments：exploring the role of concept hierarchies，compression，and robust user profiles［EB/OL］.［2018-01-10］. http：//pdfs.semanticscholar.org/e477/d1eb14800e8d3d8d3439eeeadcb8c331c420.pdf.

［22］刘锦宏，余思慧，徐丽芳.移动数字图书馆用户行为模型构建研究［J］.大学图书馆学报，2015（5）：93-98.

［23］TANG J，YAO L，ZHANG D. A combination approach to web user profiling［J］. ACM Transactions on knowledge discovery from data（TKDD），2010，5（1）：2.

[24] 袁静.基于本体的数字图书馆个性化服务研究[J].图书馆建设,2009(1):66-69.

[25] 鲍翠梅.基于本体的数字图书馆个性化信息服务研究[J].现代情报,2009,29(5):77-84.

[26] GOLBECK J, ROBLES C, EDMONDSON M. Predicting pers-onality from twitter[EB/OL].[2018-01-12].http://www.demenze-medicinagenerale.net/pdf/2011%20-%20Predicting%20Personality%20from%20Twitter.pdf.

[27] PARK W, KIM W, KANG S. Personalized digital e-library service using users' profile information[M].Berlin:Springer,2006:528-531.

[28] SEMERARO G, BASILE P, GEMMIS M D. User profiles for personalizing digital libraries[M]//THENG Y, FOO S, GOH D, et al. Handbook of research on digital libraries:design, development and impact.Hershey, PA:Information Science Reference,2009:149-158.

[29] 曾鸿,吴苏倪.基于微博的大数据用户画像与精准营销[J].现代经济信息,2016(16):306-308.

[30] ABEL F, GAO Q, HOUBEN G J. Analyzing user modeling on twitter for personalized news recommendations[EB/OL].[2018-01-15]. http://www.wis.ewi.tudelft.nl/umap2011/um-twitter-umap-2011.pdf.

[31] MAO J, LU K, LI G. Profiling users with tag networks in diffusion-based personalized recommendation[J]. Journal of information science,2016,42(5):711-722.

[32] 胡媛,毛宁.基于用户画像的数字图书馆知识社区用户模型构建[J].图书馆理论与实践,2017(4):82-85.

[33] 用户画像ID体系建设:以阿里、网易、美团、58为例[EB/OL].[2018-01-15]. https://www.woshipm.com/user-research/4272693.html.

[34] WU J, CHANG J L, CAO Q W. A Trust propagation and collaborative filtering based method for incomplete information in social network group decision making with type-2 linguistic trust[J]. Computers&industrial engineering,2019(127):853-864.

[35] 洪亮,任秋圜,梁树贤.国内电子商务网站推荐系统信息服务质量比较研究:以淘宝、京东、亚马逊为例[J].图书情报工作,2016(23):97-110.

[36] 李佳慧,赵刚.基于大数据的电子商务用户画像构建研究[J].电子商务,2019(1):46-49.

[37] LEROUGE C, MA J, SNEHA S L. User profiles and personas in the design

and development of consumer health technologies［J］. International journal of medical informatics，2013，82（11）：251-268.

［38］WANG Y，LIU Z. A personalized health information retrieval system［J］. Proceedings of the AMIA annual fall symposium，2005：1149.

［39］ABIDI S S，CHEN H. Adaptable personalized care planning via a semantic web framework［C］//The 20th International Congress of the European Federation for Medical Informatic.2006.

［40］唐晖岚，文庭孝，罗爱静，等.网络健康信息精准服务模式研究［J］.现代情报，2019（7）：109-114，127.

［41］马费成，周利琴.面向智慧健康的知识管理与服务［J］.中国图书馆学报，2018（5）：4-19.

［42］张海涛，唐诗曼，魏明珠，等.多维度属性加权分析的微博用户聚类研究［J］.图书情报工作，2018（24）：124-133.

［43］RAVI L，VAIRAVASUNDARAM S. A collaborative location based travel recommendation system through enhanced rating prediction for the group of users［J］. Computational intelligence and neuroscience，2016：1-28.

［44］NILASHI M，IBRAHIM O，ITHNIN N. A multi-criteria collaborative filtering recommender system for the tourism domain using expectation maximization and PCA-ANFIS［J］. Electronic commerce research and applications，2015，14（6）：542-562.

［45］单晓红，张晓月，刘晓燕.基于在线评论的用户画像研究：以携程酒店为例［J］.情报理论与实践，2018（4）：99-104，149.

［46］常亮，曹玉婷，孙文平，等.旅游推荐系统研究综述［J］.计算机科学，2017（10）：1-6.

［47］LEWIS C，CONTRINO J. Making the invisible visible：personas and mental models of distance education library users［J］. Journal of library & information services in distance learning，2016，10（1）：1-15.

［48］THOMPSON S. Watching the movie using personas as a library marketing tool［J］. Reference & user services quarterly，2017，57（1）：17.

［49］JOHANNSEN C G. Library user metaphors and services：how librarians look at their users［M］. Berlin：Walter De Gruyter，2014：126-147.

［50］陈添源.移动图书馆用户市场细分实证研究［J］.图书情报工作，2016（1）：37-44.

［51］梁荣贤.基于用户画像的图书馆精准信息服务研究［J］.图书馆工作与研究，

2019（4）：65-69.

[52] 李丹，高建忠.基于用户画像的图书馆推荐服务初探［J］.图书馆，2019(7)：66-71.

[53] PRIEM J. Altmetrics：a manifesto［EB/OL］.［2014-12-24］. http：//altmetrics.org/manifesto/.

[54] 语言云（语言技术平台云）［EB/OL］.［2019-03-25］. http：//www.ltp-cloud.com/.

[55] Data mining for path traversal patterns in a web environment［EB/OL］.［2019-03-25］. https：//ieeexplore.ieee.org/abstract/document/507986/.

[56] Mining top-k maximal reference sequences from streaming web click-sequences with a damped sliding window［EB/OL］.［2019-03-25］. https：//www.sciencedirect.com/science/article/abs/pii/S095741740900298X.

[57] CHINTANDEEP K，RINKLE R A.Reference scan algorithm for path traversal patterns［J］. International journal of computer applications，2012，48（7）：20-25.

[58] 何俊杰，陆军.改进WEB数据挖掘方法及其在个性化推荐中的应用［J］.科技管理研究，2010（6）：239-241.

[59] 马超.基于Web日志挖掘的高校图书馆门户网站建设研究［D］.长春：东北师范大学，2011.

[60] 赵星，周晨，王彩春，等.国家图书馆用户信息管理方式研究报告［R］.北京：中国国家图书馆，2009.

[61] 何俊杰，陆军.改进WEB数据挖掘方法及其在个性化推荐中的应用［J］.科技管理研究，2010（6）：239-241.

[62] 苏云梅，刘菊锋.知识发现在数字图书馆资源建设中的应用［J］.医学信息学杂志，2013（12）：65-69.